Jordi Amat
(Barcelona, 1978) es filólogo y escritor. Especializado en las relaciones entre cultura y política a lo largo del siglo XX, es autor de la biografía de Ramon Trias Fargas *Els laberints de la llibertat* (Premi Gaziel de Biografies i Memòries) y de la de Josep Benet *Com una pàtria* (Premi Octavi Pellissa), así como de los ensayos *Las voces del diálogo, El llarg procés* y *La primavera de Múnich* (Premio Comillas). Es colaborador de *La Vanguardia.*

La conjura de los irresponsables
El fracaso de la reforma del Estatuto, cautiva desde el principio de populismos y nacionalismos, tacticismos y partidismos, ha desembocado en la crisis institucional más profunda desde la Transición. Más allá de relatos interesados, tal vez se puede describir el *procés* como una suma de irresponsabilidades. Poseedor de un estilo veloz, cercano y juguetón, siempre excelentemente informado –y quizás por eso a veces polémico–, Jordi Amat es uno de los grandes ensayistas de su generación.

La conjura de los irrespon-sables

Jordi Amat

La conjura de los irrespon- sables

Traducción
Isabel Obiols

editorial anagrama

Título de la edición original:
La confabulació dels irresponsables
Anagrama
Barcelona, 2017

Primera edición: diciembre 2017
Segunda edición: enero 2018

Diseño de la colección: lookatcia.com

ISBN: 978-84-339-1618-1
Depósito Legal: B. 23182-2017

Printed in Spain

Liberdúplex, S. L. U., ctra. BV 2249, km 7,4 - Polígono Torrentfondo
08791 Sant Llorenç d'Hortons

El objetivo principal de este panfleto es repensar un tópico. De una manera acrítica se ha asumido que la sentencia del Tribunal Constitucional contra el Estatuto de Autonomía fue el punto de inflexión que hizo mutar políticamente la corriente central de la ciudadanía de Cataluña. Una mutación que ha puesto en crisis el sistema político catalán y la estabilidad institucional española. Más que una verdad, es un tópico. O es una verdad parcial y, como así lo es, hay que afirmar que es una verdad interesada. La honestidad obliga a repensarla. No se trata solo de intentar fijar una verdad imposible. Se trata de intervenir en el debate público desde la historia reciente, más para comprender que para tomar partido, porque es irresponsable legitimar esta explicación sin más. Durante años el tópico de la sentencia ha distorsionado la comprensión de un proceso político mucho más complejo y en ningún caso unidireccional. Digámoslo rápido: la gente no se fue a dormir autonomista una noche y se despertó soberanista al día siguiente. No. Pero el relato del *procés* –el *procés* sobre todo ha sido un relato, demasiado a menudo desmentido por los hechos– ha convertido aquel episodio en una fuente de legitimidad permanente, en una herida que parece que solo pueda terminar suturando una independencia que nada hace pensar que haya sido más que una ilusión.

Las páginas de este cuaderno pretenden impugnar, antes que nada, este tópico. Esta crónica quiere ser la descripción de una cadena de conductas políticas que, si nos han llevado hasta aquí –hasta el colapso del sistema–, forzosamente se han caracterizado por la irresponsabilidad. Esta atropellada indagación en los últimos veinte años, que constituirá el capítulo central de la biografía civil de una generación que no contaba con ninguna épica (para ser más exactos, mi generación, la que creció dentro de la ilusión frustrada del fin de la historia), ha terminado por adquirir la estructura de un drama con el desenlace inquietantemente abierto. Este librito pretende ampliar las voces y la cronología con el objetivo de problematizar los relatos hegemónicos que nos han contado. Este acta notarial debería dar fe de una crisis constitucional española que se ha ido pudriendo, una crisis que ha terminado por dejar en suspenso el Estado que se refundó durante la Transición –con un punto ciego en el centro, oscuro y desnudo, irradiando inestabilidad institucional, como previó un tal Antonio Pedrol Rius–. Este panfleto quería ser un ensayo.

El punto ciego

Hace poco menos de un año una grúa de color amarillo enfilaba la calle de la Cala dels Crancs en dirección al chalé Cap Salou. Era mayo de 2017. A medida que la grúa se acercaba al destino, empezaba el final de un litigio iniciado veinticuatro años atrás. Los últimos propietarios del chalé, que había sido lujoso pero que en los últimos lustros no había hecho otra cosa que degradarse (más saqueos, más pintadas), habían sido el Ayuntamiento de Reus y el Colegio de Abogados de Madrid. Se lo había dejado en herencia el hombre poderoso que lo hizo construir para pasar ahí los veranos. Antonio Pedrol Rius. Pedrol murió en 1992. Cuando la grúa terminó el trabajo, el chalé ya no existía.

Un personaje singular, Pedrol. Hombre de un mundo gris. Hijo de una familia sin renombre, nacido en 1910 en Reus, formó parte de las Congregaciones Marianas –un trampolín juvenil para acceder a las palancas de poder civil del catolicismo organizado–

y estudió Derecho en Zaragoza. Buen estudiante, buenas notas. Y, ya de entrada, carrera profesional en Madrid, desde donde enviaba crónicas para el diario catalanista y democristiano *El Matí*. Después, la guerra. Y las consecuencias de la Guerra Civil, como a todos los españoles de su generación, le cambian la vida. Gana. Se integra en el mundo de la victoria; será uno de los técnicos calificados que formarán parte del cuerpo jurídico y militar que dará cobertura legal a la represión. ¿Ideología? Diría que no importa demasiado. Más relevante es entender que, lentamente, se fue convirtiendo en un paradigma del nuevo sistema. Como tal, y como tantos otros, hará dinero, mucho, y de manera opaca.

A finales de la década de los cuarenta funda un banco. No en Madrid. En Tánger. La ciudad era una plaza financiera excepcional. La moneda oficial era el franco marroquí, de acuerdo, pero esa no era la artimaña de la que se podía sacar provecho. Allí, la gracia era que estaba permitida la libre circulación de divisas. Con un añadido. En ese mercado internacional, en ese y en ningún otro, corría la peseta. Bingo. Durante unos años sería la ciudad abierta para nuestros contrabandistas de divisas. Allí, a través de esa fórmula y de aquella entidad, el primo segundo de Pedrol –el político republicano Josep Andreu i Abelló– se hizo millonario. Era un mecanismo del cual también participó, para enriquecerse, el padre de Jordi Pujol.

Durante el tramo central del franquismo el despacho de derecho mercantil de Pedrol gana prestigio mientras él se fuma unos habanos inacabables. Sus clientes hacen grandes negocios al calor de la dictadura. Él los hace con ellos. No se mete en política. No lo necesita. Se mueve bien en los vasos comunicantes del poder de la capital porque es una pieza del engranaje de la élite del sistema.

Triunfo en Madrid y recuerdo del Reus de su infancia. No pierde los orígenes. Nada lo ejemplifica mejor que su metódico estudio sobre el asesinato del general reusense Prim, prologado por un personaje tan turbio como Eduard(o) Aunós. Nada lo evidencia de una manera tan ostentosa como aquel chalé lujoso en un gran terreno y con unas vistas grandiosas al mar. En Salou también sabrá hacer buenos negocios, por cierto, porque participa del invento de la Costa Dorada. Y el día en que ETA asesina al almirante Carrero Blanco es elegido decano del Colegio de Abogados de Madrid, cargo que irá reeditando hasta su muerte. Esto pasaba en 1973. En 1974 era elegido presidente del Consejo General de la Abogacía Española. Fue en tanto que una cosa y otra, y naturalmente como hombre del poder, que el rey Juan Carlos lo nombró senador.

Nadie le había votado. Estaba ahí porque el rey lo había escogido a dedo. Era uno de los senadores reales: una figura pensada como válvula de seguridad para mantener el control en el paso del sistema al sistema. Era gente de orden, pero gente valiosa. De Justino de Azcárate a Camilo José Cela, de Maurici Serrahima a Martín de Riquer. Pedrol también. Fue un secundario de peso cuando se estaban levantando los cimientos de la refundación del Estado español. En plena Transición. En el Senado. Durante la discusión de la Constitución. El texto había sido redactado por los ponentes, discutido después en el Congreso –en la Comisión Constitucional, en el Pleno– y después había llegado al Senado.

Pedrol advertía de algunos peligros. No tenía ningún afán saboteador, sino todo lo contrario. Lo que pretendía era localizar fisuras en el ordenamiento constitucional en construcción con el objetivo de sellarlas. Quería blindar la estabilidad del nuevo sistema. El árbitro de ese nuevo sistema –el Tribunal Constitucional– podía nacer tarado. Había dos problemas. El primero lo explicó el 19 de julio de 1978 en el artículo «El Tribunal Constitucional, ese preocupante suprapoder». Se publicó en el diario de la Transición –*El País*–, y en él se pensaba el problema como una consecuencia inherente al espíritu de aquel proceso de transformación institucional. El consenso era su virtud, pero podía ser su trampa.

Fruto del deseo de forjar ese consenso para llevar adelante el proceso de institucionalización de la nueva democracia, el senador real afirmaba que el proyecto constitucional era intrínsecamente ambiguo. La ambigüedad podía significar equivocidad, pero también pragmatismo. Antes de terminar rehenes de los puntos que podían bloquear el cambio, era mejor diseñar un sistema abierto. Más adelante, si se producía un bloqueo, ya se encontraría el mejor atajo sobre la marcha. El organismo que se encargaría de resolver los problemas derivados de esa ambigüedad fundacional sería el Tribunal Constitucional. Su poder, razonaba Pedrol, sería enorme, porque la resolución de los casos ambiguos lo convertiría, de facto, en un órgano constituyente. Sus miembros terminarían decidiendo, en reuniones a puerta cerrada y sin debate público, lo que los parlamentarios no habían aclarado del todo. La responsabilidad de los magistrados sería enorme y en su elección pesaría su independencia de criterio, claro está, pero había un agravante: «Para arbitrar conflictos entre políticos se adjudica casi íntegramente a los políticos el derecho a nombrar esos árbitros.» La separación de poderes, en último término, llegados al nudo de los conflictos institucionales, no sería total, porque la mayoría partidista determinaba la mayoría en el Alto Tribunal.

Segundo problema. Dos meses después de publicar ese artículo, Antonio Pedrol Rius planteó un caso hipotético. Esta vez lo hizo en el Senado. 6 de septiembre de 1978. Sostenía el todopoderoso presidente del Colegio de Abogados de la capital que el TC podía quedar deslegitimado si se llegaba a producir el siguiente escenario.

Un referéndum enfrenta a grupos mayoritarios. Gana una posición. El gabinete jurídico del partido derrotado detecta que la ley aprobada contiene aspectos anticonstitucionales. Decide presentar recurso. La resolución, en esta tesitura, pone en cuestión, a la fuerza, el edificio constitucional. Ninguna salida es del todo buena. Si el Constitucional no dicta sentencia en función de lo que considera que se ajusta a la ley, sacrifica su prestigio. No se lo podría permitir. Y si procede como tiene que hacerlo, «¿no se atraerá el Tribunal Constitucional, si hace esta declaración, la hostilidad, la impopularidad de millones y millones de ciudadanos?» Pedrol sabía que su planteamiento iba a contracorriente. Chocaba contra el espíritu sobre el que se estaba edificando el Estado democrático: el consenso. Se puso lírico.

Le parecía que había detectado una grieta. Y planteaba una solución, adaptada de la Constitución francesa. Antes de convocar el referéndum, el TC tendría que dictaminar favorablemente la constitucionalidad de la ley. Una manera de despejar el callejón sin salida. Pero si sus palabras no se inscribían en la Constitución, temía, se podía crear «una situación que podría llegar a ser dramática en el futuro político». A pesar de que su enmienda fue descartada por la Unión de Centro Democrático, de algún modo se asumió al cabo de un año. En la ley orgánica del TC de 1979 se incluiría la posibilidad de un recurso previo de inconstitucionalidad, pero en 1985 la disposición fue anulada para evitar que el recurso se utilizase para retrasar la entrada en vigor de leyes aprobadas (tal y como tan a menudo estaba haciendo la oposición). De este modo, la grieta se reabrió en pleno proceso de consolidación de la nueva democracia española.

En ese punto ciego se incrustó la reforma del Estatuto de 2006. El 28 de junio de 2010 el escenario planteado por Pedrol se produjo. Y desde entonces la grieta no ha hecho más que ensancharse. El cortocircuito que podía destruir el corazón del sistema: la ruptura del vínculo entre la ciudadanía y el Tribunal Constitucional. Es ahí donde estamos. Girando cada vez con más fuerza en el remolino de la degradación institucional.

Presentación

Sucedió en una etapa muy lejana. «Quiero subrayar que a menudo oímos hablar de una posible reforma de la Constitución o de los Estatutos, y nosotros, que tenemos serias quejas sobre su interpretación y aplicación, no lo hemos pedido nunca porque sabemos que, si llegáramos a plantearlo –si un día lo hiciésemos–, abriríamos un proceso de consecuencias inciertas.» Palabra de Jordi Pujol.

1 de julio de 1996. Conferencia en el Club Siglo XXI de Madrid. A Pujol lo presenta Miquel Roca –por entonces jefe de la oposición en el Ayuntamiento de Barcelona–. Roca avanza que el presidente de la Generalitat hablará a los presentes del debate español más importante del siglo XX: la articulación entre Cataluña y España. Roca cierra su intervención afirmando que ese debate, planteado por los intelectuales del modernismo –aquello de la Generación del 98–, sigue abierto. La sala principal del Hotel

Eurobuilding está llena, y también lo está la sala anexa. El Estado se encuentra sentado en las primeras filas. Casi en pleno. Están Federico Trillo –presidente del Congreso de los Diputados– y Juan Ignacio Barrero –presidente del Senado–. Están Rodrigo Rato –vicepresidente económico–, Esperanza Aguirre –ministra de Educación y Cultura–, Mariano Rajoy –ministro de Administraciones Públicas–, Josep Piqué –ministro de Industria–, Abel Matutes –ministro de Exteriores– y José Manuel Romay Beccaría –ministro de Sanidad–. Están Carlos Granados –fiscal general del Estado– y también el secretario de Estado para las Administraciones Territoriales Jorge Fernández Díaz, quizás la figura catalana más paradigmática del lado oscuro del Estado del 78.

El pujolismo ha colaborado siempre con ese Estado del 78, era parte consustancial de este –su huella está en la Constitución o en los pactos de la Moncloa– y casi se había confundido con él. Durante esos días de 1996, en el marco de ese Estado, el pujolismo coronaba, aparentemente, la cumbre de su proyecto. Situémonos.

Elecciones generales del 3 de marzo de 1996. Después de tres lustros termina la etapa de Felipe González, tan degradada durante los últimos años. Por primera vez la derecha española podía ocupar el Gobierno del Estado de 1978. La bisagra entre un gobierno y otro sería Convergència i Unió, un partido al servicio de la política de Pujol con cuadros potentes y una implantación territorial notable. En aquellos comicios más de un millón cien mil votantes catalanes habían optado por CiU. Dieciséis diputados. 167.000 catalanes votaron a Esquerra Republicana, con la independentista Pilar Rahola como candidata. Una diputada. Sería en virtud de esa aritmética parlamentaria en la Carrera de San Jerónimo que el catalanismo clásico pudo alcanzar la cumbre. El salto competencial del autogobierno fue indiscutible. Ese salto no respondía tanto al desarrollo pautado del Estado territorial forjado en 1978 como a los acuerdos políticos coyunturales. No se progresaba a través de las comisiones de traspasos y de valoración de competencias, como habría correspondido si el modelo territorial hubiera quedado bien delimitado, sino mediante los acuerdos de las élites partidistas con tal de garantizar la estabilidad del gobierno de turno.

El paradigma de esa mecánica fue el pacto del Majestic. Facilitando la alternancia con la suscripción de ese pacto, Convergència sacaba el máximo rendimiento competencial de una estrategia regionalista en España que después ponía al servicio de una cultura política nacionalista en Cataluña. Visto desde ahora, visto desde la perspectiva de los días de desolación que nos ha tocado vivir a raíz de los atentados yihadistas en la Rambla de Barcelona y en Cambrils, nada lo ejemplifica mejor que el acuerdo en virtud del cual se hizo efectivo un amplio despliegue de los Mossos d'Esquadra. El control integral del territorio catalán quedaba en manos de la Generalitat. Pujol tenía incluso fuerza suficiente para imponer la caída de Alejo Vidal-Quadras, el líder del PP catalán que había articulado el discurso más severo contra el pujolismo. La apuesta por figuras como Josep Piqué, capaz de transitar bien entre las dos élites porque era pura élite (parece que lo recomendó Macià Alavedra), podía parecer el buen síntoma de un nuevo escenario.

Pero si entonces el pujolismo alcanzó la cima, ¿después qué? El pacto del Majestic –sin Roca en la fotografía, sin ningún contrapeso significativo de Pujol dentro del partido– se escenificó el 28 de abril de 1996. Al cabo de dos meses, el 1 de julio, Jordi Pujol dictaba aquella conferencia en el Club Siglo XXI. La elección del espacio era intencionada. El club había sido una de las ágoras emblemáticas de la Transición. Era allí, y en diversas ocasiones, donde los protagonistas del nuevo sistema exponían sus propuestas de refundación del Estado. Por ejemplo, Pujol. Veinte años después volvió al mismo escenario. Habló precisamente allí, y quiso que su presentador fuera Roca, el influyente hombre de Convergència en Madrid durante muchos años. La conferencia se tituló «Ante un nuevo ciclo histórico». No era una pregunta. No había ningún interrogante. Era una afirmación. La tesis de Pujol era que, en lo que afectaba al modelo territorial del Estado, se tenía que avanzar en una determinada dirección. No era una cuestión de pactos coyunturales, como el del Majestic. Lo que hacía falta era que la Constitución, ambigua (el adjetivo es de Pujol), fuera interpretada con la voluntad de dotar de contenido político la distinción entre regiones y nacionalidades. Una distinción que «ha sido tratada con absoluta ligereza». Una distinción que permitía reorganizar, de verdad, el poder del Estado.

¿Cómo se había organizado hasta ese momento? En buena medida era un sistema determinado por la acción de Jordi Pujol. Me lo aclara el profesor Xavier Arbós –uno de los académicos que han intervenido en el debate público del *procés* con mayor responsabilidad civil–. Cuando el sistema constitucional se puso en marcha, el catalanismo gobernante en Cataluña privilegió una relación bilateral con el gobierno central. Era una relación que se imaginaba de poder a poder, que no partía de un modelo de Estado previamente compartido. Fruto de las negociaciones que Pujol establecía con Madrid, las competencias de la Generalitat aumentaban, pero al mismo tiempo también las de las comunidades autónomas en general. Los encargados de regular ese despliegue del Estado autonómico serían altos funcionarios formados según la jurisprudencia dictada por el TC. Su inspirador era Eduardo García de Enterría. Ningún jurista ha tenido más peso en la codificación de las leyes que, desde el centralismo, armonizaban el despliegue de una España que se construía como una telaraña legal para evitar un federalismo creíble. Para esta jurisprudencia, la idea de una competencia exclusiva degrada la arquitectura del Estado. Era esa la dinámica que Pujol quería cambiar.

Para conseguirlo no hacía falta revisar el ordenamiento constitucional. Lo dijo con las palabras que he reproducido antes, y después lo reiteró en diversos momentos, detallando su postura solo un poco más. «Somos conscientes de que una petición de revisión del Estatuto y de la Constitución, según quién la plantea, no inmuta a nadie, pero si la pide Cataluña sí provoca reacciones. Además, si la tuviésemos que pedir, no sería de poco relieve, y correríamos el riesgo de conflictividad que queremos evitar.» La conferencia es muy interesante. En ella, Pujol plantea el momento como el de una hipotética evolución del Estado de 1978. Cree que la evolución se puede hacer sin modificar el ordenamiento constitucional y repite que su hipotética modificación, que si se llevara a cabo no sería precisamente menor, implicaría la apertura de un proceso político de consecuencias inciertas. Frente a un escenario de incertidumbre, apuesta por utilizar la ambigüedad fundacional de la Constitución.

La ambigüedad a la que se refería Pujol (la misma, por cierto, a la que había aludido Pedrol en su momento) actuó quizás como un saludable analgésico que hizo posible aquel proceso de mutación institucional conocido como Transición. Porque la ambigüedad, en política, puede ser una forma de neutralización del conflicto. Antes de formular hasta las últimas consecuencias las preguntas que podían embarrancar el cambio de sistema, había sido necesario aplazarlas. No era cobardía. Quizás era sentido de Estado y, seguramente, al mismo tiempo también era la conciencia compartida de cuál era la correlación de fuerzas real de los actores del cambio. Para evitar el conflicto, pues, ambigüedad. De modo mayoritario se asumió que no había que estropear el consenso;

y los extremos, desde donde se formulaban las preguntas conflictivas que podían desembocar en enfrentamiento, quedaron al margen del proceso transicional. Nacionalidades y regiones, en el campo que nos ocupa, sin más. Y si no había de tener ningún efecto político, se preguntó Manuel Fraga discutiendo el artículo con Enrique Tierno Galván en las Cortes, ¿qué sentido tenía establecer la distinción?

Al cabo de veinte años, Pujol consideraba que, ya no desde el extremo, sino desde el centro de la gobernanza, se podía formular una pregunta pendiente: ¿cuál tenía que ser la maduración del modelo territorial del Estado? Pero esa pregunta se formulaba en un contexto muy distinto. No solo por la consolidación de la democracia en España y la modernización de su sociedad. También por la fuerza de la idea nacionalista de España. Esa idea unitaria, fagocitada durante décadas por el franquismo, estaba muy debilitada durante la Transición. De hecho, su debilitamiento había hecho posible que en el diccionario de la oposición española a la dictadura se hubiera normalizado el concepto del derecho a la autodeterminación. Incluso lo había utilizado el PSOE con naturalidad subversiva. Aquel debilitamiento de la nación unitaria española, al cabo de tantos años, ya no era tal. Si Pujol lo había detectado, quizás su propuesta pretendía ser un cortafuego contra la dinámica que había puesto en marcha el aznarismo. Aunque es más probable que Pujol pensara que el nuevo ciclo favorecería un cambio de cultura política en el sentido que él le quería dar. De cualquier modo, la evolución no se tenía que hacer a través de una reforma del ordenamiento constitucional, sino que había que trabajar para profundizar en el marco vigente.

Las cosas no se desarrollaron como Pujol había planteado. De hecho, deberíamos convenir que lo hicieron a la inversa. El decantamiento del modelo territorial que él proponía, y que aún pivotaba sobre la Constitución, se produjo en sentido opuesto. Los populares pactaron con los convergentes con voluntad coyuntural porque la cultura política que querían implementar era otra muy distinta. Aquello que, en primera instancia, la legitimó fue la devastadora acción de ETA, la herencia más mortífera de la época franquista que pervivió durante la democracia. El tiempo pasa, el olvido funciona y el recuerdo del horror se va diluyendo en la memoria, pero en aquel momento España seguía sufriendo una trágica anomalía en su contexto: el terrorismo. Durante la segunda mitad de la década de los noventa, la mafia de ETA mataba con la idea macabra de que una «socialización del sufrimiento» era la mejor estrategia criminal para forzar al Estado al diálogo político. Se habían producido y se producirían intentos de diálogo, pero no prosperaron porque la dinámica de ETA era y solo sería asesina. El 14 de febrero de 1996 un terrorista etarra accedió al despacho del profesor Francisco Tomás y Valiente. Este jurista, que había sido presidente del Tribunal Constitucional durante la etapa más fecunda de la institución, fue tiroteado mientras hablaba por teléfono con el catedrático Elías Díaz.

Frente a ese enroque en el dolor, el Partido Popular hizo una apuesta antiterrorista necesaria que fue efectiva y al mismo tiempo reforzó el objetivo final de una nueva cultura política. No fue un proceso de cambio que se produjera de un día para otro. Era una variación en profundidad que no estaba vinculada solo a la adopción de medidas para terminar con el terrorismo –legales, policiales, políticas–, sino también al desarrollo de una idea de España para combatir la hegemonía socialista. Una idea nacionalista que no osaba decir su nombre. Una idea con consecuencias internas y externas. Un cambio de 180 grados. Del europeísmo clásico, aceptando la mirada matriarcal de Francia, al atlantismo, buscando el reconocimiento británico y norteamericano. Un cambio que tendría su correlato económico en la privatización de empresas públicas y su conquista del nuevo espacio global.

Este cambio de cultura política tuvo un momento activador, desgarrador, galvanizador: el 13 de julio de 1997 ETA asesinaba a Miguel Ángel Blanco mientras el portavoz abertzale Arnaldo Otegi pasaba el día en la playa. El impacto emocional fue intensísimo porque la táctica terrorista no podía ser más macabra. Nunca me he sentido tan español como ese día, y nunca me he sentido tan instantáneamente decepcionado como cuando Raimon fue abucheado por cantar en catalán «País Basc» en el concierto de homenaje a la víctima. La imagen prefiguraba lo que iba a pasar. El bloqueo de dos frentes. Porque la progresiva solidificación del bloque constitucionalista se traduciría en una implacable y sistemática revisión estigmatizadora del nacionalismo democrático vasco y catalán. No sé si contamos con un estudio preciso que explique cómo la alternativa constitucionalista propulsada por los populares se hizo con la hegemonía de la idea de España, monopolizándola, pero es un episodio determinante en el que la estrategia gubernamental confluyó con la «última gran batalla intelectual», como la definió José Carlos Mainer, que se ha vivido en España: la de la elaboración doctrinal de una posición para hacer frente a ETA.

Esta batalla quedó incrustada en la conformación gubernamental del bloque constitucionalista. El mismo presidente Aznar lo describió en sus memorias. «Habíamos dedicado muchísimo tiempo a los medios de comunicación, en las reuniones periódicas que teníamos en la Moncloa con los directores de los medios, a los que yo personalmente explicaba el sentido y la importancia de lo que pretendíamos. Habíamos cuidado mucho todos los movimientos cívicos; habíamos hablado con las asociaciones de víctimas; habíamos desarrollado una conexión especial con el mundo intelectual, con el mundo cultural y universitario vinculado a la resistencia contra el terrorismo.» No fue una operación política improvisada. Ni mucho menos. Fue larga y fue intensa. Y tendría su ofensiva más fuerte en las elecciones al Parlamento Vasco del año 2001. El 28 de abril de ese año Fernando Savater enlazaba las manos de los candidatos del PP y del PSOE en el Kursaal de San Sebastián.

La dinámica de consolidación del bloque constitucionalista también tuvo su variante catalana: la creación del Foro Babel. Con el combate contra las políticas de normalización lingüística como primer motor, Babel sumó su voz intelectual a la conformación del bloque constitucionalista al mismo tiempo que planteaba una impugnación sistémica del pujolismo. El subsistema catalán del sistema intelectual español trazaba una línea que empezaba a imposibilitar los vasos comunicantes y constructivos con el sistema cultural catalán. A escala local, no es un episodio menor, y estuvo apoyado implícitamente por una parte del PSC. No sería, ni mucho menos, la única reacción ideológica surgida del magma socialista, que no terminaba de encontrar mecanismos de regeneración de su propio discurso. Entre la izquierda ilustrada catalana y en un plano básicamente intelectual, quizás más aún que ideológico, se hizo público en ese momento el diálogo entre dos amigos de toda la vida: Xavier Rubert de Ventós y Pasqual Maragall –quien por fin, después de un periodo de incertidumbre, ya había anunciado que se presentaría a las elecciones para vencer a Pujol.

El libro *De la identidad a la independencia* de Rubert llevaba un prólogo de Maragall en el que se planteaban el federalismo o la independencia como disyuntivas de futuro. Era el «momento Maragall», para decirlo con la acertada fórmula del *fontanero* Jaume Bellmunt: el tiempo de reflexión profunda y sostenida para construir una alternativa catalanista al pujolismo que al mismo tiempo fuera una propuesta pensada desde Cataluña y en clave catalana para dar un salto de calidad en el proyecto de unidad europea. Es la etapa de las cartas a François Mitterrand, Jorge Semprún o Václav Havel. En aquella época se inscribe el diálogo con Rubert. El libro tuvo ediciones catalana y castellana. La primera la editó Xavier Folch, y la segunda, Jorge Herralde. Las izquierdas barcelonesas y catalanas ofrecían un marco de debate, que después utilizaría el independentismo para modernizar su discurso. Pero el diálogo con sus interlocutores españoles naturales no se produjo. En las páginas de *El País* Fernando Savater menospreció el razonamiento de Rubert y la eminencia gris Javier Pradera entendió que había que leerlo dentro del conjunto de reflexiones sobre una «segunda transición». Nada más. Las cajas con ejemplares de la edición castellana aún están en el almacén de la casa de poca reputación que publica este panfleto.

En ese contexto, de despliegue progresivo de la alternativa aznarista, la apuesta de Pujol era decantar la Constitución hacia una determinada dirección. La de los partidos nacionalistas mayoritarios, en cambio, fue otra. Porque la contrapropuesta al cambio que representaba el aznarismo no la lideró un PSOE más o menos federalista, que en realidad no podía porque era un aliado necesario en el combate contra ETA y porque su debilidad ideológica ha sido una constante, sino que encontró su réplica más nítida en la llamada Declaración de Barcelona suscrita en el verano de 1998 por CiU, el Partido Nacionalista Vasco y el Bloque Nacionalista Gallego.

Los tres partidos, frente al cambio que empezaban a imponer los populares, reafirmaban su posición inequívocamente nacionalista. «La construcción nacional de nuestros respectivos países constituye el proyecto político básico que compartimos los partidos nacionalistas.» Y, entre otras cosas, establecían aquello que legitimaba su acción: su existencia como naciones, previa, incluso, a la aparición del Estado moderno. Fruto de estos derechos inherentes, las naciones tenían que, y podían, ejercer su soberanía. Soberanía que no era lo mismo que la descentralización establecida por los estatutos de autonomía. «El principio de soberanía resulta cualitativamente distinto al principio de autogobierno que se consolida mediante el desarrollo de los estatutos de autonomía que, aún en un escenario de desarrollo total, solo suponen un proceso de descentralización política y administrativa, pues el elemento constitutivo del poder continúa localizándose en el Estado. Debemos superar la fórmula autonómica por cuanto es una carta otorgada por un Estado que, conforme a la definición constitucional, dice basarse en una sola nación, única e indivisible, la nación española, negando el carácter plurinacional del Estado y la coexistencia de otras naciones.» Solo había tres salidas para superar el Estado de las autonomías: federación, confederación, independencia.

El primer intento sólido de avanzar por ese camino, en una dirección confederal y enfrentándose de una manera contundente a la hegemonía popular, fue el plan Ibarretxe. Era un proyecto de reforma estatutaria. La voluntad de iniciar un proceso de reforma fue expuesta por el lehendakari en septiembre de 2001, es decir, pocos meses después de las tensísimas elecciones vascas en las que el bloque constitucionalista, formado por socialistas y populares, estuvo a punto de arrebatar la mayoría al PNV. A pesar de que la polarización se trasladó al hemiciclo vasco, y a pesar de la imposibilidad de obtener un consenso amplio para su propuesta (un consenso sin el cual no es posible ninguna reforma en profundidad), el lehendakari decidió llevarla adelante. La mutación institucional, tal y como se explicitaba en el preámbulo, era la materialización de un derecho: «El ejercicio del derecho del pueblo vasco a decidir su propio futuro.» Lo que el plan postularía era una reforma que hiciera de Euskadi ya no una comunidad autónoma sino un estado libre asociado. Entre finales de 2004 y principios de 2005 su suerte quedaría echada. Si el plan se aprobó en Vitoria con 39 votos a favor y 25 en contra, en Madrid la derrota fue mayúscula: tuvo 29 votos a favor y 313 en contra.

Quizá su partido optaba por una radicalización de posturas, pero Pujol seguía donde estaba. Durante su mandato final como presidente, en el tercer volumen de sus memorias, Pujol siguió trabajando en esa línea. Evitar la reforma del ordenamiento constitucional, usar su fuerza para decantarla. El principal teórico de esa salida fue un cerebro jurídico de primera: Enric Argullol. Argullol era el autor del estudio *Criteris per a un desenvolupament institucional,* editado por el Instituto de Estudios Autonómicos. Ese instituto se había creado durante los años de plomo del pujolismo, en plena resaca de la LOAPA y cuando existía una guerra fría entre el gobierno González y la Generalitat. Su primer director había sido Josep Maria Vilaseca Marcet –abogado del Estado que había pedido la excedencia en desacuerdo con el franquismo–, y su propósito era la elaboración de doctrina para hacer frente con mayor fundamento a los conflictos de poder con el Estado. Uno de sus ideólogos, a mediados de la década de los ochenta, había sido el mismo Argullol.

En *Criteris per a un desenvolupament institucional* Argullol partía de la constatación de la flexibilidad de la Carta Magna. Una flexibilidad que, fruto de la distinción entre nacionalidades y regiones, habría de permitir «elementos de asimetría inherentes a esta realidad diversa» (cito palabras de Pujol en el prólogo del libro). El estudio fue la base de una reunión confidencial celebrada en Madrid en la que la parte catalana estuvo integrada por Pujol, Macià Alavedra y Josep Maria Cullell –la vieja guardia del partido– y la parte española por Mariano Rajoy, Rodrigo Rato y Cristóbal Montoro. No sirvió de nada. El diálogo se bloqueó.

Aznar lo quiso desbloquear en una reunión privada con Jordi Pujol celebrada el 25 de octubre de 2001 en una mansión propiedad del Estado en las afueras de Toledo. La propuesta política de Aznar, que no contemplaba ninguna modificación del ordenamiento constitucional, era incorporar a un nacionalista catalán como ministro de su gobierno.

«Una entrada generosa, con ministerios importantes», ha recordado Pujol. Y Pujol, como había hecho varias veces –ya con Suárez y también con González–, dijo que no. ¿Qué implica ese no reiterado?

En una ocasión, descontento con la enésima negativa del líder convergente, Miquel Roca afirmó que su partido cometía un «error histórico». Que no era una cuestión menor, como se quiso caricaturizar Duran i Lleida mediante, lo sabían perfectamente Aznar y Pujol. En un intercambio epistolar iniciado por Pujol al cabo de dos meses, se volvían a fijar las posturas. Pujol quería hablar de la relectura de la Constitución y Aznar de la entrada de nacionalistas en el Gobierno. A Aznar le parecía que el sí a su propuesta era «eje de una nueva etapa de la política catalana y española», tenía absolutamente claro que «sería un gesto cargado de historia, con una significación que desborda el ámbito estricto de nuestras siglas». Y Pujol, en otra carta en la que solicitaba una nueva reunión, reiteró su negativa. Dijo no por miedo a perder la hegemonía política en Cataluña, como había empezado a evidenciarse después de la firma política del pacto del Majestic, pero la negativa llegó más allá del futuro electoral de Convergència a corto plazo. Volvió a decir no, en último término, porque aceptar era un cambio de cultura política que forzaba la superación de la naturaleza ambigua del pujolismo: la estrategia regionalista para construir una cultura política nacionalista. Digamos que para Pujol el proyecto nacional era más importante que el Estado. Fue una decisión trascendental. Las dos respuestas al desafío catalán, la de la relectura de la Constitución y la de la entrada en el Gobierno de Madrid, se descartaron y, mientras pasaba el tiempo, el cambio de cultura política del aznarismo se seguía desplegando.

Uno de los diagnósticos más lúcidos, muy sintético, de este despliegue fue formulado por Pasqual Maragall –jefe de la oposición en el Parlament de Cataluña–. El 27 de febrero de 2001 publicó el artículo «Madrid se va» en *El País*. Dos años y medio después, concretamente el 7 de julio de 2003, concluía con un nuevo artículo en las páginas del mismo diario que «Madrid se ha ido». En el primer texto Maragall escribía para invertir una dinámica uniformizadora que tenía como mejor ejemplo la política de infraestructuras (ya se tratara de trenes o de aeropuertos). El Estado, decía, intervenía para favorecer a Madrid e impedía que el mercado fuera el verdadero regulador. Frente a esta elección, él apostaba por una pluralidad, siempre española, que la revirtiera. «La sorpresa que se van a llevar los uniformistas el día que España les diga a golpe de urna que no es como ellos querrían que fuese, que es libre y diversa, que está hecha de singularidades potentes y sensatas, capaces de entenderse y de respetar un proyecto común. Común, no impuesto.» Al cabo de dos años, cuando volvió a pensar en el problema que había detectado, ya lanzó un grito de alerta. La situación no podía seguir de aquel modo. No se lo podían permitir ni Cataluña ni España. No se podía seguir en ese escenario reactivo que se había convertido en hegemónico.

«El magnífico paisaje pintado por la Constitución, una España plural, con idiomas, pueblos y nacionalidades unidas en un proyecto común, se iba como destiñendo para permitir la aparición de la auténtica, inmarcesible e incombustible pintura de fondo, la de la España radial, díscola, difícil y necesitada de una mano firme en el centro para dominar sus demonios.» La reforma del Estatuto, que ponía en crisis la evolución del ordenamiento institucional, tenía que permitir la inversión de esta dinámica.

Esa nunca había sido la vía de Pujol. Repito sus palabras: «Abriríamos un proceso de consecuencias inciertas.» Pujol y Convergència, de entrada, se oponían. Para Maragall, en cambio, la reforma del Estatuto era la única salida posible a la situación de bloqueo que habían fosilizado los dos líderes nacionalistas que eran Pujol y Aznar. Era una iniciativa de alcance español que adquiría también sentido en la táctica catalana de combate contra una Convergència i Unió que gobernaba en minoría gracias al apoyo estable del Partido Popular. Durante la última legislatura de Pujol en la presidencia, la idea del Estatuto sirvió también como factor de confluencia de las fuerzas del catalanismo. El pecado original del tacticismo. De hecho, cuando la idea fue asumida por el nuevo secretario general del PSOE, José Luis Rodríguez Zapatero, también lo fue más táctica que programáticamente. ¿Federalismo? A la hora de la verdad fue una manera de desgastar también a un PP desbocado en una obsesión antinacionalista que se enmarcaba en una descarada revolución conservadora.

Descartada por imposible la reforma de la Constitución, quizás era la única salida posible. La idea, que servía para plantear una alternativa al pujolismo desde dentro del catalanismo, tenía como filosofía difusa el concepto de federalismo asimétrico que ha terminado asociado a la reflexión de Maragall sobre Cataluña y España. Era un mecanismo de federalización de toda la estructura estatal desde una esquina. No quedaban alternativas. Aceptemos, entonces, que tal vez la reforma era necesaria. Pero aceptemos también que el marco español que la podía hacer viable había desaparecido. Ese marco era el del consenso. Un marco que durante la Transición, con sus limitaciones y ambigüedades, sí había existido. Un marco, sin embargo, que había implosionado. El PP, en plena fase *neocon* y casi antisistema (llenando las calles, una y otra vez, con manifestaciones contra los avances en derechos civiles), acabaría de minarlo.

Nudo

Parecía que la reforma del Estatuto se había hecho necesaria para desbloquear la parálisis del modelo territorial, pero sin un consenso amplio no hay reforma en profundidad posible. El momento sería aún más inoportuno tras la derrota del PP en las elecciones generales posteriores a los atentados yihadistas del 11M de 2004 en los que murieron asesinadas casi doscientas personas. Es cierto que Rodríguez Zapatero había hecho suya la apuesta por la España plural de Maragall, es verdad que había dicho que apoyaría el texto aprobado por el Parlament de Cataluña (una proclama pronunciada en un mitin, en la época de los programas de zapping, puede haberla redactado el diablo), pero aún no era la ocasión. Mientras no se reconstruyera una lealtad compartida al mismo proyecto a nivel estatal, y aquí seguimos, difícilmente podía llegar a buen puerto la reforma del ordenamiento constitucional. Visto desde nuestra óptica, que no es la de los actores de entonces sino la de los historiadores (aficionados), se puede convenir que el momento de iniciar la reforma es como mínimo discutible. La elección del momento no es un elemento menor. Decidir iniciar entonces el proceso de reforma, valorándolo no por las intenciones sino por los hechos (hablamos de política), fue un acto de irresponsabilidad.

Aquella legislatura fue desestabilizadora, como la describió con acierto Guillem Martínez. No estaba previsto que lo fuera, pero lo fue.

Después de intentarlo durante años, cuando se produjo la alternancia en la Generalitat, en vez de privilegiar el perfeccionamiento de la gobernanza de la administración autonómica o revisar críticamente el lado oscuro del pujolismo, los partidos de la nueva coalición gobernante fijaron la elaboración de un nuevo Estatuto de Autonomía como objetivo básico de la legislatura. Esa decisión en aquellas circunstancias tuvo un precio: la posibilidad de que las izquierdas catalanistas propusieran una alternativa a la cultura del nacionalismo pujolista se malbarató a lo largo del proceso de elaboración del Estatuto. Estatuto y Tripartito. Dos caras de la misma moneda. Así quedaba indicado en el pacto del Tinell, suscrito el 14 de diciembre de 2003. En él se explicitaba que el ahondamiento del autogobierno se conseguiría mediante la reforma de un Estatuto. Se pretendía abrir así una vía de agua en una Constitución fosilizada. Y se quería llevar adelante con un principio de aislamiento. En el Tinell se ponía negro sobre blanco un criterio de actuación política que vetaba cualquier acuerdo de gobernabilidad con el PP. Otro paso en la destrucción del marco de consenso. Tripartito sin consenso español de partida, los medios de comunicación analizándolo con las uñas afiladas (los públicos y los subvencionados) y una administración de planta convergente. Todos estos hándicaps y un objetivo de transformación sistémica. Al fin y al cabo, se dijera o no, lo que se pretendía llevar adelante no era modificar, sino crear, un modelo territorial que implicaba una reconsideración sustancial de la organización del poder del Estado.

Nadie o casi nadie sale bien parado del proceso de reforma. Paradójicamente, quienes salieron más perjudicados fueron los socialistas. Los socialistas catalanes, pero también los españoles. Para el PP, desde el primer momento, un Estatuto que iba enfermando de bulimia fue antes que nada una herramienta de movilización de su electorado: un ingrediente más, quizás el más nutricio, para hacer reaparecer el *macizo de la raza*. Para Esquerra Republicana, ya muy pronto, sirvió como taladro para reventar la pared del encaje territorial. Y para Convergència en buena medida también, con un añadido: le acabó de dar forma en la Moncloa un Artur Mas que, más que con lealtad al proyecto original, actuaría como un puñal que dejaba en bandeja la cabeza de Maragall con la bendición maquiavélica del presidente del Gobierno y secretario general de los socialistas españoles, Rodríguez Zapatero.

Todo empezó mal. Y terminó peor. Todos los actores, casi todos, actuaron de manera irresponsable porque, en lugar de ordenar una nueva situación, diseminaron las semillas del caos.

La reforma, en Barcelona, no se supo hacer bien. El proceso puesto en marcha no lo lideró el presidente Maragall, quien, de hecho, perdió su control. Una irresponsabilidad, quizás inevitable. Un ejemplo. Hay una entrada en el dietario del consejero Joaquim Nadal, fechada el 23 de septiembre de 2005, muy significativa: «Esta mañana ha llamado Miquel Iceta, que está en Madrid. Me explica que, con los preámbulos en la mano, Pasqual Maragall se decanta por el mío, sin recordar que me lo encargó él.» La reforma tampoco la pilotó el partido de la mayoría en el Gobierno. Ya de entrada se delegó la tarea en el consejero de Relaciones Institucionales, Joan Saura, representante en el Tripartito de la fuerza con menos peso. «Había una contradicción entre los trabajos que había encargado Joan Saura y la voluntad del presidente de la Generalitat», afirma también Nadal en *Testimoni de càrrec*. La contradicción era, de facto, una nueva deslealtad. Una nueva irresponsabilidad fundacional.

Quien puso en solfa el texto era Carles Viver Pi-Sunyer. Viver –una figura con autoridad, finalmente el jurista del *procés*– había sido vicepresidente del Tribunal Constitucional y fue nombrado director de un Instituto de Estudios Autonómicos que con él debía cobrar nuevo ímpetu. Viver, que actuaba como referente técnico, entendió que el nuevo

Estatuto debía posibilitar, de facto, aquella reforma imposible de la Constitución. Sabía cómo hacerlo. Mejor dicho, creía que sabía cómo hacerlo. Lo explicó, por ejemplo, en el Centro de Estudios Políticos y Constitucionales que dirigía el historiador José Álvarez Junco. Pondría en valor su experiencia en el Alto Tribunal e intentaría incrustar en el texto algunos de sus votos particulares redactados cuando era magistrado del TC. El primer borrador del nuevo Estatuto ya era un texto de máximos que rozaba el larguero de la constitucionalidad.

No tengo la suficiente información sobre la intrahistoria del proceso de elaboración del Estatuto ni el suficiente conocimiento jurídico para hacer una lectura legalmente competente. Sí sabemos que, en el marco de la negociación del nuevo modelo de financiación, el consejero de Economía Antoni Castells fue amenazado por el principal partido de la oposición para evitar que el Govern hiciera pública la auditoría que analizaba la adjudicación de obra pública de los últimos gobiernos Pujol. Aquello que vimos en directo, durante el pleno del Parlament sobre la crisis del Carmel (las obras del metro en una zona especialmente complicada desde el punto de vista geológico provocaron el derrumbamiento de edificios enteros en ese barrio de Barcelona), fue al líder de la oposición Artur Mas chantajeando al presidente de la Generalitat con la posibilidad de sabotear el Estatuto; y Maragall no supo o no quiso imponer su autoridad frenando un proceso de reforma constitucional encubierta que se le escaparía de las manos.

Hubo oleaje en las aguas estancadas. El régimen del pujolismo se desencuadernaba.

El sabio y consejero maragallista Josep Maria Vallès, en su ensayo *Una agenda imperfecta*, explica que el nuevo Estatuto que tenía que «redefinir la posición de Cataluña en el conjunto no debía plantearse en términos de suma cero –quién gana y quién pierde–, sino en términos de multiplicación de capacidades de ambas partes». No fue así. Entre la idea seminal de Maragall y el redactado que se aprobó en el Parlament de Cataluña hubo una distancia notable. «No es el Estatuto ideal que yo quería», reconoce Maragall en sus memorias. Y esa distancia es la que provocó que los líderes políticos, en vez de reordenar una situación compleja, nos abocaran al actual embrollo.

Los socialistas catalanes eran muy conscientes de ello. Impulsores de la reforma y al mismo tiempo valedores de su aprobación en las Cortes españolas (con un Rodríguez Zapatero que la hizo suya más por obligación que por convicción), no la lideraron ni tuvieron herramientas para desacelerar la subasta al alza que se producía en la comisión parlamentaria que redactaba el texto. La rectificación, tal y como pedía un ensayo colectivo publicado entonces (impulsado por Enric Juliana, que dio forma al escrito conjunto, y con la colaboración, entre otros, de Lluís Bassets, Josep Maria Fradera o Antoni Puigverd), no se produjo. No debe extrañar, en este sentido, que la primera ejecutiva del PSC tras la aprobación se recuerde como una reunión casi funeraria. Porque en un cierto zigzag, finalmente, el texto, más que a la noción de subsidiariedad maragalliana, se había ido amoldando a la lógica de la Declaración de Barcelona: su filosofía tenía una inclinación, digamos, soberanista. En otras palabras, se defendía que Cataluña poseía unos derechos históricos que legitimaban el acrecentamiento de su soberanía. Amparándose en esos derechos se pretendió ahondar en el autogobierno tensando la vía legal, apostando por el blindaje competencial y el establecimiento de una relación de bilateralidad con el Estado.

Lo aprovechó el PP, porque el redactado chocaba de lleno con su idea de la Carta Magna, convertida en el eje de su cultura política. Su objetivo inmediato era descabalgar al PSOE del gobierno. Haría todo lo que estaba a su alcance para enmarañarlo más todo, hasta tomar una decisión que puso en jaque la mecánica de la relación entre ciudadanos y Constitución. El 2 de noviembre de 2005 el Estatuto era aceptado a trámite en el Congreso de los Diputados, el paso siguiente tras su aprobación el 30 de septiembre en el Parlament de Cataluña. Al cabo de una semana de esa aprobación un grupo de constitucionalistas y abogados catalanes, más Josep Ramoneda, publicaban un artículo importante en *El País* titulado «Discutamos el Estatuto». En el primer párrafo se hacía una afirmación contundente: «Aunque resulta injusto afirmar que viene a ser la versión catalana del plan Ibarretxe, pues el esfuerzo por respetar la Constitución es aquí mucho mayor, lo cierto es que el nuevo Estatuto incluye preceptos inconstitucionales y es poco razonable en algunos extremos.»

La revisión del texto la harían políticos y técnicos. Las negociaciones con altos funcionarios del Estado, valedores de un determinado *statu quo,* fueron muy duras. La tarea de los políticos quedó sintetizada con aquella declaración soberbia del diputado Alfonso Guerra –un fósil de la Transición que era, poca broma, presidente de la Comisión Constitucional del Congreso–. Fue Guerra quien dijo aquello de que en el Congreso habían «cepillado» el Estatuto «como un carpintero». Lo dijo sonriendo, con la aprobación de quienes le escuchaban, como quien da por hecho que la ofensa forma parte del diálogo político. Pero no fue solo Guerra, a pesar de que aquellas palabras han quedado como paradigma del paso del Estatuto por las Cortes. Quizás fue más significativo otro episodio. Si las enmiendas de Josep Piqué –el líder del PP en Cataluña– no fueron tenidas en cuenta durante la discusión del Estatuto en el Parlament, tampoco lo serían en Madrid. Era la intención de Piqué, pero no de su partido. No era la hora del consenso. Para nadie. La enmienda popular lo sería a la totalidad. La nueva casa legal que debía ser el Estatuto fue derribada antes de que la habitara nadie. La reelaboración del texto no era misión exclusiva de los políticos.

La ofensiva del PP era política y sobre todo mediática. Fue sostenida e implacable. Igual que con todos los progresos en materia de derechos civiles impulsados a lo largo de la primera legislatura Zapatero, la cuestión del Estatuto fue utilizada como una estrategia sistemática de desgaste del adversario.

Nos encontramos de pleno en la etapa de degradación del debate público, de la ira escupida a diario en la tertulia matinal de la cadena COPE y en las páginas del diario *El Mundo* dirigido por Pedro J. Ramírez. Sobre ese momento y sobre esos medios acaba de hacer memoria el popular José María Lassalle en su libro *Contra el populismo*. «En ellos», dice, «se defendía el derecho a propiciar un aquelarre dialéctico que despertaba las emociones de millones de ciudadanos a partir de una supuesta rectitud de principios y un combate al relativismo que el tiempo demostró que era una suerte de estrategia dogmática rayana en el fascismo.» Una reverberación de aquella estrategia de tensar la sociedad la encabezó el mismo PP.

El 31 de enero de 2006, en Cádiz –otro espacio simbólico: allí donde se colocó la primera piedra de la España moderna mediante una Constitución–, Mariano Rajoy, entonces jefe de la oposición, empezaba una campaña de tremenda agitación populista. En las plazas y calles de pueblos y ciudades de España el Partido Popular formulaba la siguiente pregunta a la ciudadanía: «¿Considera conveniente que España siga siendo una única nación en la que todos sus ciudadanos sean iguales en derechos y obligaciones, así como en el acceso a las prestaciones públicas?» No es difícil mostrar qué se escondía detrás de ese enunciado aséptico. Se daba a entender a la buena gente que el Estatuto representaría que España dejaría de ser una sola nación, que los catalanes tendrían derechos y deberes distintos a los del resto de españoles y sobre todo que tendrían privilegios económicos.

La del PP no fue la única dinámica reactiva que se puso en marcha. Frente a la españolista movilización popular, que tensaba el consenso que debía hacer posible la aprobación de la reforma, en Barcelona se organizó una primera manifestación que también tensaba el consenso catalanista. Se iniciaba así otro camino en el proceso de soberanización. No el legal. El social. Pocas semanas después de la aprobación del Estatuto en el Parlament, el 18 de febrero de 2006, se convocó otra manifestación. Esta ya fue multitudinaria.

El propósito de la manifestación, tal y como se presentó, era preventivo: defender que las Cortes españolas no intervinieran en el texto del Estatuto votado en el Parlament. Había sido organizada por la Plataforma por el Derecho a Decidir, creada expresamente en ese momento, y el único partido que había apoyado la convocatoria de manera formal había sido Esquerra Republicana, cuya dirección asistió en bloque. La presencia de esteladas era considerable, había pancartas donde se podía leer «No somos una colonia» o «Catalonia the Next State in Europe» y el lema era «Somos una nación y tenemos derecho a decidir». En la cabecera la pancarta la llevaban personalidades que a lo largo de sus trayectorias se habían posicionado de manera inequívoca como independentistas, actores y herederos de la derrota de la ruptura durante la Transición. Había independentistas de siempre. Desde Jordi Carbonell a Vicent Partal, de Isabel-Clara Simó a Lluís Maria Xirinacs –seguramente la figura histórica más venerada ahora mismo en el panteón del independentismo–. Pero esa tarde también tuvo protagonismo el *star system* del nuevo independentismo –de Oriol Junqueras, historiador con presencia recurrente en los medios, al cantante Titot o los actores del grupo Teatre de Guerrilla–. Algunos de ellos tomaron la palabra y lanzaron proclamas abiertamente independentistas.

Esa manifestación fue multitudinaria. En el escenario, el actor Joel Joan. Un Joel Joan que sería el encargado de diseñar el homenaje póstumo a Xirinacs el 14 de octubre de 2008, en el que Oriol Junqueras tuvo una intervención destacada. Ese mismo día, ya de noche, Joan proclamó que se había superado la cifra de un millón de manifestantes. La precisión importa poco. El gentío era inmenso. Y diría que ese día y por primera vez, de una manera descarada, el catalanismo salió a la calle para reclamar el derecho a decidir. A efectos prácticos, ese fue el significado de la manifestación: un posicionamiento soberanista nítido y explícito.

Para Convergència aún no había llegado el momento de las movilizaciones populares. Su estrategia, de hecho, era otra. Solo tres días después de la manifestación, el líder de la oposición Artur Mas y el presidente del Gobierno Rodríguez Zapatero revisaban en solitario el texto del Estatuto durante una larga reunión secreta celebrada en el palacio de la Moncloa. Contra esa versión final del texto, que debía ser plebiscitada para que entrara en vigor, trabajó activamente la Plataforma por el Derecho a Decidir. Al cabo de unos meses, tal y como lucen en su web, ellos serían los encargados de arrancar la campaña «No al Estatuto». Un no soberanista que, como sabemos, capitalizó Esquerra, a costa de tener que salir del primer gobierno Tripartito. La otra formación que hizo campaña por el no, por motivos del todo opuestos, fue el Partido Popular. De alguna manera, la pinza entre unos y otros minó el espacio de negociación que se había establecido entre los reformistas catalanes y españoles desde la Transición.

El referéndum se celebró el 18 de junio de 2006. Entraría en vigor el 8 de agosto. Votaron 2.594.167 personas. La comparación con los datos del de 1979 es reveladora. En aquella ocasión votó un 60 % del censo y solo un 7,8 % lo hizo por el no. En 2006, en cambio, la participación no llegó al 50 % y un 20 % votó no. En 1979 votaron sí 2.327.038 personas. En 2006 votaron afirmativamente muchas menos, 1.899.897. El proyecto no había ilusionado a la gente, la sociedad terminó respondiendo con una indiferencia asqueada. Quizás habría que preguntarse si la puesta en marcha efectiva del Estatuto no estuvo diezmada por una legitimidad demasiado frágil.

Al cabo de un mes y medio, pasadas las once de la mañana del 31 de julio, el PP presentaba ante el Tribunal Constitucional un recurso de inconstitucionalidad contra el Estatuto. Se tenía que evitar como fuera el reconocimiento de Cataluña como nación. Nación, según la Constitución, solo había una: la española. Mariano Rajoy, que ya era el líder de su partido, dejó muy claro por qué presentaban el recurso: se trataba de desactivar, en sus propias palabras, un texto de ordenamiento constitucional que liquidaba el modelo territorial del Estado del 78. Se había pasado del Estado de las autonomías a una confederación asimétrica. Se tenía que anular aquella «Constitución paralela». Con ese propósito, Federico Trillo y Soraya Sáenz de Santamaría registraron las 400 páginas del recurso. No se trataba de una decisión política inocua. Trillo lo sabía perfectamente. Sabía qué implicaría la sentencia que dictara el TC: la evolución del Estado del 78 en una dirección u otra. La parálisis del modelo territorial, al final, no la desbloquearía el Estatuto refrendado por la ciudadanía sino la sentencia sobre el mismo Estatuto, en la que tanto peso tuvieron las malas artes de las élites del Estado. Pero el riesgo de esa operación más jurídica que política era muy alto. La resolución del recurso, dijo Trillo, situaba al TC «en una encrucijada histórica». Implicaba, de hecho, lanzar al Alto Tribunal sobre el punto ciego de la arquitectura constitucional, tal y como había prefigurado Pedrol Rius veinte años atrás.

Pedrol Rius había señalado dos elementos vinculados al TC que podían desestabilizar todo el Estado del 78: por un lado, el recurso, y, por otro, el peligro de que el órgano quedara secuestrado por la partitocracia. El PP no se lo pensó dos veces y utilizó cualquier argucia para salirse con la suya, con la soberbia de quien cree que el Estado es él y con la falacia de presentarse como paladín del espíritu de concordia de la Transición. ¡Qué morro! A principios de 2007, después de una votación ajustada, se recusaba al magistrado Pablo Pérez Tremps, escogido por Rodríguez Zapatero y miembro, por lo tanto, de la mayoría progresista. Se consiguió al segundo intento. El argumento se aguantaba por los pelos. Toda vez que Pérez Tremps había realizado un estudio encargado por el Instituto de Estudios Autonómicos catalán, se consideraba que no podía ser parcial a la hora de dictaminar el recurso. Aquella recusación fue la mejor demostración de una batalla legal que se alargaría demasiado y que empezaba no a deslegitimar pero sí a desacreditar una institución que el presidente Zapatero definía como «el corazón de la democracia».

Se iba prefigurando una crisis constitucional y se terminaría injertando, sin que en ese momento nadie lo pudiera prever, en una crisis económica profundísima. La primera gran crisis de la globalización, solo comparable por su dimensión a la provocada por el crac de 1929. Poca broma. Una crisis que implicaría un verdadero cambio de orden. Una crisis que cerraba una etapa iniciada después de la Segunda Guerra Mundial y que abría un enorme socavón entre ciudadanos e instituciones poniendo en cuestión, aquí y en todas partes, la democracia representativa.

Faltaban cuatro años para que el nudo de las dos crisis –la territorial y la económica– se religara. Tiempo suficiente para que se consolidaran mientras tanto dinámicas significativas. En una dimensión estrictamente catalana, sin que en el resto de España pareciera preocupar demasiado, se produjo una profunda metamorfosis ideológica. Por no salir del marco interpretativo de este panfleto: la mutación ideológica del catalanismo proponía una salida alternativa al bloqueo del modelo territorial, y esta vez ya era una salida al margen de la Constitución.

Fue durante esos años, entre 2006 y 2010 (los años del presidente Montilla), cuando el nacionalismo inició su metamorfosis. Un cambio que lograría la hegemonía y que se gestó, paradójicamente, cuando el socialismo gobernaba en todas partes. En Madrid. A uno y otro lado de la plaza Sant Jaume. Pero aunque acumulaba todo el poder institucional posible, todo, durante ese lustro el socialismo perdería el control de la situación. El encarrilamiento del cambio del modelo territorial, activado por ellos, se les descontrolaba, y el catalanismo empezaba un nuevo camino en solitario.

Por muchos intentos que hiciera, el partido del poder no tuvo mecanismos de presión para imponer su criterio al Tribunal Constitucional. Eso valdría por las llamadas realizadas desde la Moncloa que el magistrado Manuel Aragón Reyes, escogido por Zapatero, dejó de responder. Valdría también por la imposibilidad de frenar la recusación del magistrado Pérez Tremps. Fue entonces cuando el nacionalismo, endosando el resultado de la reforma estatutaria a los socialistas, supo rearmar su proyecto. Y fue ahí, de hecho, donde se desarrollaría el nudo del *procés*. El nudo social e ideológico.

Diría que el *procés,* esencialmente, debería explicarse como la asunción progresiva por la corriente central de la ciudadanía de Cataluña de una mutación del catalanismo. Una mutación, reforzada por una movilización popular creciente, que al mismo tiempo que consolidaba una nueva idea de soberanía ha terminado agrietando, como difícilmente podía ser de otro modo, la arquitectura institucional española. Así, para muchos, la vivencia normalizada de los catalanes como ciudadanos del Estado se ha convertido en algo problemático o en algo innecesario e incluso insoportable. Esta mutación, identitaria solamente en segundo término, se ha ido materializando en una determinada formulación política: una parte considerable de la sociedad catalana ha interiorizado que la pertenencia a España es una rémora y, asumiendo como indiscutible un concepto tan atractivo y volátil como el del «derecho a decidir», ha naturalizado que la nación a la que siente que pertenece (la catalana) puede y debe ejercer el derecho a la autodeterminación. Es una evolución lógica de la naturaleza anfibia del pujolismo. Obturada su mecánica regionalista, se mostraba cómo su cultura nacionalista había impregnado la piel del catalanismo.

En esa definitiva mutación ideológica y social convergieron *think tanks* creados en ese momento o que fueron ganando influencia, la fundación de pequeños partidos políticos independentistas (Reagrupament, Solidaritat per la Independència), la aparición de la prensa digital, parte de la acción editorial de Fèlix Riera (a través de L'Esfera dels Llibres o la colección L'Arquer) y la publicación de artículos y ensayos militantes con éxito e impacto. Si el Estatuto se concibió como una regeneración de la España de las autonomías, en Cataluña había quien estaba trabajando activamente para poner minas en el sistema autonómico. Se estaba ya en la reconfiguración del sistema de ideas del catalanismo, y el terreno del socialismo catalanista, históricamente tan fecundo, empezaba a convertirse en tierra baldía.

En enero de 2007, Vicenç Villatoro –un publicista veterano y prestigioso del campo nacionalista– publicaba un revelador panfleto de urgencia titulado *L'engany*. En él sostenía que el segundo Tripartito, el del presidente Montilla, podía suponer un punto de inflexión peligroso: «una propuesta que supone la abolición del eje nacional como eje político significativo y la consagración de la confrontación entre derechas e izquierdas como relato central de la política catalana». En febrero del mismo año la periodista Patrícia Gabancho daba a conocer un ensayo lúcido –*El preu de ser catalans*–, que en el subtítulo dejaba muy clara la situación crítica en la que se hallaba la cultura catalana –*Una cultura mil·lenària en vies d'extinció*–. En abril, el notario Alfons López Tena –vocal del Consejo General del Poder Judicial– presentaba un influyente tratado que permaneció varias semanas en los primeros puestos de la lista de libros más vendidos de no ficción: se titulaba *Catalunya sota Espanya. L'opressió nacional en democràcia* y defendía con argumentos jurídicos que la supervivencia de Cataluña pasaba única y exclusivamente por la independencia.

Quizás más significativo, sobre todo por su relevancia política, fue el caso de Ferran Mascarell –uno de los alfiles de la acción cultural de los ayuntamientos de Maragall–. El 21 de junio del mismo año 2007, en *El País*, publicó el primer artículo de una serie de reflexiones sobre el estado del catalanismo mientras el Estatuto se pudría en las catacumbas del TC. Su tesis era que si el catalanismo clásico no conseguía refundarse, «Cataluña seguirá desdibujando su personalidad, perdiendo peso específico en España y muy probablemente también en el mundo». Para evitar esa pérdida de personalidad debía afrontar una revisión profunda: «Reinventar un ideario colectivo de futuro.» Ese ideario se reinventaría sobre el concepto del derecho a decidir. El enraizamiento popular de la idea cuajó tanto que Convergència Democràtica, dejando atrás su regionalismo tradicional, la intentó capitalizar lanzando una opa a todo el catalanismo con el objetivo de preservar su posición hegemónica.

En ese 2007 Convergència se dotó de un instrumento y de un discurso presidencialista para conseguirlo. El instrumento principal fue su fundación –la Fundación Ramon Trias Fargas–, reconvertida en un *think tank* rebautizado como Fundación CatDem. Su nuevo director era un activista veterano –el historiador Agustí Colomines, hoy director de la Escuela de Administración Pública de Cataluña– que elaboró un ambicioso plan de capilarización ideológica y social con la voluntad explícita de conquistar la hegemonía. Una apuesta gramsciana, le oí decir.

Una apuesta que pivotaba, antes que nada, alrededor del objetivo político y el reclamo electoral que Convergència se había propuesto a corto plazo: volver a ser la fuerza de referencia en el campo soberanista y obtener para la Generalitat un acuerdo de financiación con el Estado (que se llamó «pacto fiscal») equiparable al concierto económico vasco. En esa línea intervino Mas en la presentación de mi biografía de Ramon Trias Fargas. Y con ese propósito la CatDem reeditaría *Narració d'una asfíxia premeditada*, un ensayo de culto escrito por el economista Trias Fargas a mediados de los años ochenta que había pretendido ser un puñetazo sobre la mesa para poner en evidencia las debilidades presupuestarias del despliegue del Estado de las autonomías. Esa nueva edición llevaba un prólogo de la economista Elisenda Paluzie, una de las académicas que iría sustanciando el discurso soberanizador.

Se estaba dando forma a una sólida propuesta de hegemonía intergeneracional. Un ejemplo significativo. Cuando en noviembre de 2007 Mas presentó en sociedad su nuevo discurso para liderar el catalanismo, hacía solo tres semanas que el periodista Enric Vila –arropado por la liberal y convergente Fundación Catalunya Oberta, uno de esos nuevos *think tanks* convertido en sala de máquinas del renovado catalanismo– había empezado a escribir el dietario *El nostre heroi, Josep Pla*. El libro es doblemente interesante. Era una relectura ideológica del gran prosista y también un gesto rotundo de afirmación generacional. En la última página se recrea una escena de fraternidad muy potente. Una noche, cerca de la casa de veraneo de Lluís Prenafeta –el principal mecenas de la Catalunya Oberta–, compartían baño en la Costa Brava, entre otros, Colomines y Jordi Graupera –la voz juvenil más firme y más escuchada del nuevo independentismo liberal, uno de los primeros colaboradores de la CatDem–. La apuesta de todos ellos era Artur Mas, quien, cuando en 2010 llegaran las elecciones, habría conseguido redefinir su perfil gracias sobre todo al enorme éxito editorial que tuvo en la Diada de Sant Jordi *La máscara del rey Arturo*, el retrato ennoblecedor que le escribió la periodista Pilar Rahola, convertida en una de las personas de máxima confianza del político.

No se puede negar que la operación convergente, de refundación ideológica imbricada en la consolidación de un nuevo liderazgo, funcionó perfectamente. La CatDem era el instrumento al servicio de un discurso que debía llevar a Mas a la presidencia de la Generalitat. Tras meses de creación de expectativas, en noviembre de 2007 Mas dictó la conferencia «El catalanismo, energía y esperanza para un país mejor». Cuando se publicó en forma de libro, el mismo Colomines le escribió el prólogo. La conferencia es un hito muy significativo en la consolidación de la mutación del catalanismo. No tanto por lo que aporta desde el punto de vista ideológico sino porque da carta de naturaleza a un nuevo proyecto para Convergència. El centro catalanista quería pilotar el *procés*.

Esa noche Mas reconocía el éxito del pujolismo como fuerza regeneradora del Estado, pero se distanciaba de él sin dejar de situar la cuestión nacional como la médula de la discusión política en Cataluña. Era, de hecho, la puesta de largo de un nuevo horizonte para el catalanismo moderado. Un horizonte que dejaba atrás el pacto estatutario suscrito entre el Estado y la ciudadanía de Cataluña, un pacto del que Mas había sido actor más que destacado durante la reelaboración del texto en la reunión secreta con Zapatero en la Moncloa. «Muchos de los que votamos a favor [en el referéndum del Estatuto] lo hicimos conscientes de que representaba un salto adelante en el autogobierno, pero de ningún modo significaba una estación final de trayecto en el largo camino de Cataluña hacia el autogobierno y las libertades nacionales.» La estación final de trayecto era el ejercicio del derecho a decidir. Nunca quedó claro si ese derecho equivalía o no al derecho a la autodeterminación.

Este sería el núcleo del nuevo ideario colectivo. Ambiguo, populista y soberanista. «El derecho a decidir de los catalanes hunde sus raíces en las convicciones y en las creencias más genuinamente democráticas», afirmó aquella noche Artur Mas. «El derecho a decidir de un pueblo es el ejercicio de la democracia en estado puro. ¿Qué demócrata puede tenerle miedo? ¿A qué persona con unos principios democráticos sólidos y bien fundamentados puede inquietarle que la democracia se manifieste con naturalidad? Si Cataluña es una nación, y lo será mientras los catalanes lo quieran, y no es simplemente una derivada o un subproducto constitucional, los catalanes tienen, tenemos, el derecho democrático a decidir lo que más nos conviene como pueblo.» La lógica argumental era y es, aquí sí, transparente. Toda vez que los catalanes hemos convenido que Cataluña es una nación, a través de procedimientos democráticos deberíamos poder elegir todo aquello que nos afectara. En sus palabras, «allí donde se hablaba de autonomía o de autogobierno tenemos que hablar del derecho a decidir por nosotros mismos en aquello que nos es propio». Las élites del país, que lo escuchaban con la corbata bien anudada, aplaudieron ese giro copernicano. El establishment convergente se situaba de nuevo en la posición de mando que nunca había querido dejar de ocupar.

Al cabo de diez días la Plataforma por el Derecho a Decidir organizaba otra manifestación masiva. El pretexto era el desbarajuste constante del servicio ferroviario de Cercanías, que tantas veces se había denunciado desde Iniciativa per Catalunya sin demasiado recorrido (me lo recuerda Jordi Gracia). Un problema de infraestructuras, que se tendría que haber resuelto por medio de una fuerte inversión fruto de la negociación política, también se usó para ampliar la base de la movilización soberanista. El lema, esta vez, era «¡Somos una nación y decimos BASTA! ¡Tenemos derecho a decidir sobre nuestras infraestructuras!». En la cabecera se visualizaba el ensanchamiento social de la protesta. A figuras públicas de la órbita de Convergència, como algunos periodistas con presencia recurrente en los medios públicos –el actual director de TV3, por ejemplo–, o quien era presidente del F.C. Barcelona, ahora se sumaban personalidades que habían militado en el PSC o habían orbitado a su alrededor, primer síntoma de la descomposición del núcleo intelectual que había sustentado el partido. Los gritos de independencia, no hace falta decirlo, fueron frecuentes a lo largo del recorrido.

El relevo de la Plataforma en lo que respecta a la movilización lo tomaron las llamadas consultas populares. La primera se celebró en Arenys de Munt, organizada por el Ayuntamiento a raíz de una moción presentada por un regidor de la CUP. La pregunta era inequívoca: «¿Está de acuerdo con que Cataluña se convierta en un Estado de derecho, independiente, democrático y social, integrado en la Unión Europea?» La polémica sobre la celebración hizo que tuviera un impacto mediático considerable. De la comisión evaluadora de la consulta formaron parte personalidades del nuevo soberanismo: uno de los ideólogos de más peso –López Tena–, pero también la catedrática Elisenda Paluzie y otra vez Oriol Junqueras. La de Arenys fue la primera de una serie de consultas que se irían celebrando por toda Cataluña durante los meses siguientes.

No fueron un mero ejercicio recreativo. En un momento en el que la desafección hacia el sistema se estaba convirtiendo ya en un mantra y se cuestionaba la democracia parlamentaria, las consultas, a pesar de que eran un puro simulacro, tuvieron una capacidad de movilización enorme redoblada por una cobertura informativa sostenida. En su organización participiparon 60.000 personas. Antes de la sentencia del Estatuto habían votado casi 700.000 personas. En *El pueblo contra el Parlamento,* el historiador Xavier Casals acierta con la siguiente afirmación: «Tras los plebiscitos de la independencia no solo había un voto que expresaba de forma simbólica un cambio en las relaciones entre Cataluña y España, sino también en las normas de juego político.» En el Ala Oeste del Palacio de la Generalitat se redactó una nota dirigida al presidente Montilla sobre aquel fenómeno. El jefe de gabinete, Isaías Táboas, la leyó, hizo una mueca burlona y la tiró a la papelera.

Desenlace

11 de mayo de 2010. Después de la conversación entre Barack Obama y José Luis Rodríguez Zapatero, la Casa Blanca difunde un resumen de la charla entre los dos presidentes. Obama se había interesado por la salud del rey Juan Carlos, se dijo desde la Moncloa, pero en Washington no se habían andado con subterfugios. Lo ponía en la nota. El eje de la conversación había sido el plan de reducción del gasto público que el presidente español presentaría en las Cortes al día siguiente. Después de negar la crisis una y otra vez, cuando hubo cantado el gallo llegó la hora de decir la verdad. Condicionada del todo por una crisis económica global, que se llevaría en todas partes gobiernos y modelos por delante, la apuesta económica de la administración socialista se tendría que invertir del todo. Quizás fue una injusticia histórica, porque ese modelo era el suyo, pero fue el PSOE el que tuvo que ingresarlo: el Esta-

do de bienestar, tal y como se había consolidado, entraba en la unidad de cuidados intensivos. Los mercados financieros, con el aval de las grandes potencias (también China, también Alemania), imponían su fuerza sobre la política.

La Gran Regresión laminaba el modelo socialdemócrata. La crisis financiera reventaba la burbuja inmobiliaria y desnudaba la fiesta perpetua de la obra pública. Había que frenar en seco. *The party is over*. La ciudadanía, que tendría que afrontar las consecuencias directas de la crisis, interpretó la política del sistema como un descarado incumplimiento del contrato social que se había ido suscribiendo generación tras generación y desde el final de la Segunda Guerra Mundial. Nacía la indignación. Y lo hacía, antes que nada, a escala nacional. Aquí. En Cataluña, en España y en todas partes. Esa también sería una de las lecciones de la crisis. A menudo nos creemos la fantasía de que los Estados nación son realidades en fase decreciente, como si la Unión Europea fuera ya la «nueva patria» que tantos habían soñado. Pero no. Porque, para empezar, hoy no sabemos con exactitud cómo se ha redistribuido la antigua soberanía. Y llegada la hora de mostrar la disconformidad, cuando la gente empezó a protestar contra la austeridad impuesta, dirigió sus quejas a quienes identificaba como los máximos responsables: los líderes y las instituciones políticas que todavía sentimos que tienen el poder. La queja se convertiría en distanciamiento de la gente respecto de un sistema noqueado, incapacitado para responder con magnanimidad porque la corrupción lo había deshonrado por dentro.

Pero resulta que las noticias, cuando son malas, nunca llegan solas. Seguro que habría sido distinto dos años atrás. Quizás tan solo uno. Pero que fuera precisamente en ese momento fue fatal.

Volvamos, pues, a nuestra obra –el drama de una crisis constitucional que termina en conflicto institucional– porque, ahora, da comienzo el tercer acto. El desenlace. En las primeras escenas de esta última parte, cuando coinciden dos crisis. Son de naturaleza distinta, pero las dos son profundas y durante una temporada larga madurarán juntas. Son la financiera y la territorial. En Cataluña se solapan. Si un *hacker* hubiera pretendido inocular un virus en la dinámica política española, no podría haber sido más astuto. Difícilmente el sistema político, controlado en ese momento por los socialistas en Madrid y en Barcelona, podría haber aguantado dos ataques desde frentes distintos pero simultáneos. No hay *reset* posible. El sistema se cuelga.

Un mes y medio después de la intervención de Zapatero en el Congreso en la que se había puesto de largo la regresión del bienestar, el TC daba a conocer su sentencia sobre el Estatuto. No serían recortes de austeridad sino recortes de soberanía. El magistrado Manuel Aragón Reyes se salía con la suya. «Es una persona que no es de fiar», dijo de él José Montilla. Especialista en la obra de Manuel Azaña, en ese momento, más que como el presidente de la Segunda República durante la discusión del

Estatuto del 32, actuó como el Ortega más miope. La sentencia se redactó con la vieja tinta del jacobinismo e hirió donde más podía doler. En la piel. Ahí donde los ciudadanos de Cataluña afirmaban su conciencia de pertenecer a una comunidad política singular. El Estatuto podía decir misa. Nación, constitucionalmente, solo había una. La idea de soberanía era la clásica, envarada y petrificada, e impedía avanzar en la federalización del Estado.

El Alto Tribunal, después de una soterrada batalla política, había resuelto la ambigüedad fundacional del sistema. No se frustraba solamente la esperanza del Estatuto de 2006. Es que la negociación política no había servido. Tampoco los pactos. El campo de la negociación política, con el horizonte siempre ilusionante de una hipotética reforma constitucional, se había transformado en una tierra baldía. No era necesario hacer nada más. Era, lisa y llanamente, una victoria del nacionalismo español. También del jacobinismo. La idea de España del Partido Popular, fundamentada en una lectura uniformizadora de la Constitución, había ganado. De ahí no se movería. Negaría el problema. Ahora y siempre. Ha sido la más grande irresponsabilidad política de este ciclo.

La victoria popular alteraba las reglas del juego porque incumplía la letra no escrita de un contrato complejo e implícito. El territorial. El constitucionalista Javier Pérez Royo, consciente del problema, definió de manera contundente el significado de la sentencia: era, sin tapujos, un golpe de Estado. De nada habían servido los avisos. Si Montilla había advertido a Madrid del peligro de desafección de los catalanes respecto del Estado (el 8 de noviembre de 2007, durante la concesión del Premio Blanquerna precisamente a Pérez Royo), si un editorial conjunto de los diarios catalanes había advertido de no herir la dignidad (26 de noviembre de 2009), la sentencia hirió precisamente ahí. No tanto en el perímetro del autogobierno sino sobre todo en la vinculación entre Estado y ciudadanía catalana. Se entraba en territorio desconocido. La política caía en el punto ciego. La arquitectura del sistema se tambaleaba. Se había producido exactamente el escenario profetizado por Pedrol Rius.

Lo supimos la noche del lunes 28 de junio de 2010. A las nueve menos dieciocho minutos, se abrió una puerta, el presidente Montilla –entero y concentrado– avanzó por uno de los corredores del ala gótica del Palacio de la Generalitat, colocó el discurso en el atril y se dirigió a los ciudadanos de Cataluña. Es un momento clave. El presidente atacó al PP, pero lo más valioso de su intervención fue su reflexión sobre el Tribunal Constitucional. Con las palabras milimetradas, revisadas por varios actores en la cocina de Presidencia, los redactores del discurso no decían que el TC estuviera jurídicamente deslegitimado. No era eso. A fin de cuentas, Montilla no planteaba la respuesta como una discrepancia legal, sino que contextualizaba el caso en el marco político y del espíritu abierto (ambiguo) del Estado del 78. La sentencia, decía, lo había secuestrado. Definía el TC como «un tribunal que, como hemos dicho de manera reiterada, está lamentablemente desacreditado y moralmente deslegitimado para dictar esta sentencia». Y a pesar de ello la había dictado y era «una gran irresponsabilidad»: su actuación, contraviniendo su función sistémica, no había favorecido el «pacto constitucional», sino que lo incumplía. En tono solemne, Montilla no decía nada distinto de lo profetizado por Pedrol Rius: el TC, con aquella conducta y aquella sentencia, se había hecho merecedor de la impopularidad y la hostilidad de la ciudadanía.

Si Cataluña es una nación, como afirmó Montilla explícitamente, ¿qué hacer? «Las instituciones catalanas y el pueblo de Cataluña han de poder expresar serenamente la voluntad de no renunciar a ninguna de sus aspiraciones y exigir el respeto a nuestra dignidad como país.» ¿Qué podía y qué debía hacer el presidente? Liderar la respuesta. Acatar la sentencia, naturalmente, pero no compartirla: la ley había sido pactada y refrendada. ¿Qué hacer? «Convocar una serie de acciones que se desarrollarán en los próximos días y que ahora quiero anunciar públicamente.» Las detalló. En primer lugar, el estudio de la sentencia por parte de juristas. Durante un par de días, encerrados en la Casa dels Canonges, analizarían la situación creada. Entre otros, Carles Viver. Había, más que tristeza, enfado, pero antes que nada se tenía que dar una respuesta al encargo del presidente: determinar qué acción política se podía seguir desarrollando. Más. Reuniones con dirigentes de los demás partidos. También una comparecencia en el Parlament. Hacer política española: «Rehacer el pacto político que hizo posible el Estatuto» con la voluntad de evitar «una crisis de confianza» de los ciudadanos de Cataluña hacia España. Y finalmente posibilitar que el pueblo se expresara: participar de forma masiva en una manifestación que partidos y organizaciones sociales convocarían. «Caminemos juntos, unidos, todos los que amamos el país y defendemos el autogobierno. Hagamos de la *senyera* nuestra pancarta unitaria y demostremos que somos una nación y que formamos un solo pueblo.» Montilla convoca, es decir, politiza la indignación ciudadana contra el TC, tensando así la mecánica institucional, pero el riesgo de esa decisión se le desborda. De inmediato pierde el control de la manifestación.

Porque será Òmnium Cultural quien la organice. Hacía pocos años que Òmnium había dejado de ser la entidad apolillada en que se había convertido durante el tramo final del siglo XX. Desde la elección de Jordi Porta como presidente, se había ido modernizando y se afanaba por convertirse en un actor de la sociedad civil que funcionara no como promotor de la lengua y la cultura sino como vanguardia efectiva de un soberanismo suprapartidista. Más que hacer cultura, pues, movilizaba políticamente. En 2008 accedieron a la junta directiva figuras como Vicent Sanchis, Alfons López Tena o Muriel Casals –que sería elegida presidenta en 2010–. Era gente que durante meses y meses había ido pensando cómo responder a la sentencia, que había picado piedra por todo el territorio, y entendía que la entidad debía ser la incubadora de una alternativa política. Ninguna circunstancia sería tan provechosa para ese objetivo como la capitalización de la sentencia, transformándola en otra oportunidad para la soberanización. La sentencia, para el soberanismo, sería el MacGuffin más fecundo.

Menos de dos semanas después de ese discurso de Montilla se organizó la manifestación de protesta en el paseo de Gracia. El presidente, que había intentado conservar el liderazgo de la respuesta institucional a la sentencia, asistió acompañado por los presidentes y expresidentes de la Generalitat y del Parlament. Fue una manifestación masiva bajo el lema «Somos una nación. Nosotros decidimos». Montilla no estaba cómodo ni podía estarlo. Había perdido el control de la organización. Durante los días previos a la celebración se había producido cierta controversia sobre el lema. Y es normal que fuera así. Porque aquel silogismo –«pues Cataluña es una nación, los ciudadanos de Cataluña tienen el derecho a decidir»– ya planteaba la cuestión definitoria del *procés:* la cuestión de la soberanía; determinar si Cataluña es (o no es) un sujeto político soberano.

Sería del todo exagerado afirmar que aquella tarde tan calurosa del 10 de julio de 2010 se produjo una manifestación independentista. Hubo proclamas a favor de la independencia, muchas, aún no predominantes. Pero no fue una manifestación más. Sería injusto no convenir que fue mayoritariamente soberanista en la línea del activismo movilizador que había empezado a trabajar más de cuatro años antes. Y una advertencia. Al terminar la manifestación, el presidente de la Generalitat fue abroncado por una pequeña parte de los manifestantes y tuvo que huir amenazado. No fue el único caso de desconsideración explícita hacia los políticos. «A Jordi Pujol y a mí nos tiran calderilla», consigna Joaquim Nadal en su dietario. El escarnio a Montilla prefiguraba el papel secundario que el PSC, pese al poder institucional que aún conservaba, tendría en el proceso. A partir de entonces, ese partido central para los sistemas políticos tanto en Cataluña como en el resto de España empezaría su liposucción, hackeado por las dos crisis solapadas.

Pero ese problema no era ni mucho menos el único, ni tampoco el más importante. El escenario Pedrol, impulsado por el PP, era más grave. El problema era la estabilidad del sistema. El problema era su corazón. El problema era la posición en que había quedado el TC como consecuencia del recurso de los populares. Encaminándolo a dictaminar contra una ley aprobada siguiendo todos los procedimientos normativos, la relación entre ciudadanía y arquitectura institucional había sufrido un derrumbe parcial. El PP no creyó que hiciera falta reconstruirla. No propuso un nuevo pacto. ¿Por qué tendría que hacerlo? El Estatuto, al fin y al cabo, le había permitido movilizar a su electorado, le había dado munición contra el partido de gobierno y le había concedido la oportunidad de decantar la interpretación de la Constitución a favor de su posicionamiento. No en el Parlament sino en el Tribunal. De acuerdo. Pero así, neutralizando una dinámica vital para el sistema, se había creado una situación dramática para el futuro político.

Esa circunstancia, naturalmente, también la aprovecharía el polo opuesto, que tenía como objetivo final el cuestionamiento integral del sistema: el relato soberanista, siempre reescribiéndose, había conseguido elaborar un argumento potentísimo. Con el paso del tiempo el catalanismo mutado, que desde hacía casi un lustro se estaba reestructurando (ideológica, política y socialmente), aprovecharía la herida jurídica en la piel de la ciudadanía para iniciar una operación sostenida de desguace: ir ensanchando el distanciamiento entre la ciudadanía y el intérprete del manual de instrucciones del Estado de 1978. Desde ese momento un argumento central y necesario sería caracterizar al TC como el organismo del entramado estatal deslegitimado por antonomasia. Para conseguirlo era necesario que el PP, una vez recuperado el poder, no se moviera de su posición. Que persistiera en su estrategia para hacer frente al problema creado. Que hiciera política más a través de las leyes que del Parlament. Mientras los populares no afrontaran políticamente el problema y siguieran utilizando el TC como delegado en el conflicto impidiendo que actuara como árbitro, mes tras mes, año tras año, la estrategia soberanista de deslegitimación del Alto Tribunal no haría otra cosa que sustanciarse.

En ese momento el proceso estaba absolutamente condicionado por el impacto que la crisis económica tenía en la cotidianidad política. Porque lo que podía hacer colapsar los sistemas políticos europeos, más que ninguna otra cosa, era la crisis de la deuda. Grecia fue la primera víctima de la coyuntura, forzada a aceptar una intervención que limaría su soberanía, pero España también estaba amenazada. Al presidente Zapatero, en concordancia con la Unión (fue una etapa caracterizada por sus múltiples cumbres), le tocaría implementar una agenda sostenida de involución en derechos laborales y el modelo del bienestar. «Por delante teníamos la reforma laboral, la de las pensiones, profundizar en la del sector financiero –lo que incluía la inyección de dinero público en bancos y cajas–, unos presupuestos restrictivos para 2011...», escribió en el libro *El dilema*. A la gente, de entrada, no le pareció del todo mal. Al contrario. Cuando llegó la hora de votar, la mayoría optó por fuerzas neoliberales que intensificarían la austeridad. Esa fue la lógica del cambio. Desalojar a los socialistas del poder, primero en Barcelona y luego en Madrid, para que gobernaran partidos de derecha y centroderecha que prometían sanear las arcas públicas a través de la restricción presupuestaria. No parecía haber alternativa.

Los datos de los comicios serían contundentes. Después de las elecciones celebradas a finales de aquel 2010, Artur Mas ganó ampliamente la presidencia de la Generalitat. 62 diputados. Desde la última mayoría absoluta de Jordi Pujol, en 1992, Convergència i Unió no había obtenido unos resultados tan frondosos. El presidente Mas intentaría constituir, con sus palabras, «el gobierno de los mejores», y contaría con el apoyo parlamentario del Partido Popular para aprobar sus políticas de austeridad. Serían las mismas políticas que Mariano Rajoy aprobaría cuando fuera elegido presidente del Gobierno. Fue al cabo de un año. Rajoy aún obtuvo unos resultados más amplios. Mayoría absoluta. La más sólida obtenida por un partido español desde la mítica victoria del PSOE en 1982. Pero a pesar de la rotundidad de la alternancia, que representaba un aval a los recortes, fue precisamente entonces cuando emergió la protesta social en las calles.

Entre 2011 y 2012 las manifestaciones contra los recortes fueron muy frecuentes. Paola Lo Cascio ha hablado de «olla a presión». Un sector creciente de la ciudadanía, que contemplaba cómo su presente y todavía más su futuro se iba ensombreciendo, desafiaba el adelgazamiento del Estado de bienestar. No era la protesta tradicional, articulada básicamente por los sindicatos de clase o los partidos de oposición al Gobierno, sino que eran movimientos que operaban con una lógica más profunda y que en último término implicaba un cuestionamiento integral del sistema. «Un sistema "gripado" por el conformismo, la autocomplacencia y la incapacidad reformadora de los dos partidos que han ejercido como copropietarios» (le robo la descripción a Josep Ramoneda). Porque si el sistema y sus partidos no podían dar respuesta a esta situación, más que protestar contra un partido u otro, lo que hacía falta era repensar el sistema en sí mismo. Se estaba produciendo así un replanteamiento de la noción de soberanía como consecuencia de la ruptura del contrato social. El motor era el empoderamiento. La tentación, el populismo. Frente a la Gran Regresión occidental afloraron multitud de respuestas locales. En España el cuestionamiento del sistema implicaría, cada vez más, de modo inevitable, deslegitimar un Estado del 78 que con el tiempo se había ido corroyendo. El paradigma fue el 15M. El concepto, «el régimen del 78».

El 15M barcelonés ocupó la plaza de Cataluña. Durante días el corazón de la ciudad se convirtió en un ágora de discusión rupturista y autogestionada. La reacción de una parte significativa del *mainstream* liberal fue crítica, condenatoria, en algunos casos soberbia. Se puede encontrar en las hemerotecas digitales. Todo aquello, se escribió, era una llamarada. Un *happening*. Como había pasado en el Mayo del 68 en París, venga, sí, estaba bien que la juventud se desahogara, pero no había que sufrir más de la cuenta: el sistema se impondría de nuevo. Y así lo hizo. O lo intentó. El 15 de junio de 2011 los Mossos de Esquadra, siguiendo órdenes del consejero Felip Puig, emplearon la fuerza para desalojar la plaza. No fue una violencia que se anduviera con remilgos. Pero el episodio no terminó ahí.

La indignación se trasladó al Parlament de Cataluña ese mismo día en que, significativamente, se iban a votar los presupuestos. Los diputados fueron increpados. Y fue durante las horas de gritos, amenazas y carreras, que obligaron al presidente de la

Generalitat y a la presidenta del Parlament a entrar en helicóptero en el Parque de la Ciutadella, cuando el sistema institucional catalán se encontró frente a frente con el rostro de la nueva protesta. Se visualizó que los partidos no disponían de los mecanismos de representación para una ciudadanía joven y movilizada que estaba musculando también una nueva propuesta de hegemonía surgida como consecuencia de la ruptura del contrato social.

¿Tenía puntos de conexión aquel movimento con el movimiento soberanista? Aparentemente, no. Ninguno. Pero el soberanismo, ya bien incrustado en el tejido civil, inició una particular apuesta de confluencia para expandir aún más su implantación y hegemonía. Viejos rupturistas y nuevos *influencers* del independentismo empezaron a trabajar para constituir una organización que tendría como objetivo una movilización soberanista sostenida en todo el país. No en las instituciones. En las calles de pueblos y ciudades. Utilizarían como referente histórico la Assemblea de Catalunya del antifranquismo. Entre mediados de 2011 y mediados de 2012, la Assemblea Nacional Catalana se estructuró. Tendría un éxito inmediato.

Será esta organización la encargada de organizar la manifestación de la Diada del 11 de Septiembre de 2012. Durante lustros, esta efeméride, que había nutrido el imaginario nacionalista desde hacía más de un siglo, había sido poco más que una anécdota. Un breve informando de algún alboroto microscópico o la quema de una bandera española. Nada más. También en 2011. Ese año lo más significativo de la fecha no fue la manifestación sino el día siguiente. En Vic se constituía una nueva plataforma –la Asociación de Municipios para la Independencia– a la que se invitaba a vincularse a aquellos entes municipales que quisieran trabajar para que los ciudadanos de Cataluña pudieran ejercer el derecho a decidir. Era una iniciativa, como se puede leer en la nota de prensa sobre ese pleno, que nacía como reacción a la sentencia. Esta había provocado que algunos consistorios emitieran declaraciones institucionales en las que se explicitaba que se sentían «moralmente excluidos de la Constitución española» y que la manifestación de rechazo de julio de 2010 había sido soberanista y había tenido como propósito la reivindicación del «derecho a la autodeterminación». Un derecho que, en virtud de la Carta de las Naciones Unidas, podía ser ejercido por el pueblo de Cataluña (dando por hecho que Cataluña era un país ocupado, extremo que Naciones Unidas acabaría negando). En poco tiempo la extensión territorial de la AMI –siempre contando más municipios que ciudadanos– sería enorme. La AMI ya estaría en la cabecera de la Diada de 2012.

A diferencia de las *diades* anteriores, ahora la Generalitat cedía a la calle todo el protagonismo. Fue una estrategia exitosa para socializar de una manera festiva y masiva su discurso. Es innegable. El apoyo institucional para que la manifestación fuera multitudinaria fue inequívoco. El discurso televisado que el presidente Mas pronunció la víspera marcó un punto de inflexión en el proceder del Gobierno de Cataluña. Mas se dirigió a todos los ciudadanos del país, sí, pero solo se identificó con una parte: aquellos que se manifestaran. «Vuestros anhelos», dijo, «son mis anhelos.» El anhelo era el del lema de la manifestación: «Cataluña, nuevo Estado de Europa». De facto, la idea inclusiva de un solo pueblo quedaba rasgada. Es un momento clave. Al día siguiente el centro de Barcelona se desbordó. La retransmisión fue fastuosa, y la escena final mostraba otro cambio más que significativo: las instituciones abrían la puerta a las asociaciones, que, de hecho, ya no saldrían de ahí. La presidenta del Parlament abrazaba a la activista Carme Forcadell –primera presidenta de la ANC y futura presidenta del Parlament.

Era una alianza particular, interesada, a medio plazo confusionaria. Era una excepción a la lógica indignada. Si en todas partes aquellos estallidos evidenciaban la distancia creciente entre instituciones y ciudadanía, a escala catalana la ANC suturó la herida de la gente con el gobierno de la Generalitat. El grueso de la población catalana movilizada, de acuerdo con sus instituciones de autogobierno, miraba hacia Madrid para reagruparse en la protesta. Cuando hacía falta sacar la gente a la calle para favorecer las opciones gubernamentales, la ANC se activaba y ocupaba las plazas del país. Quien quiso liderar esa nueva realidad fue el presidente Mas –un vanidoso herido–. Con mayoría parlamentaria, con el aval colosal de la calle que pretendía capitalizar, se sentía lo suficientemente fuerte para reclamar el objetivo político de aquella legislatura: la consecución de un nuevo pacto fiscal del Estado con la Generalitat, en la línea del concierto económico vasco. En el supuesto de no obtener aquella modificación, que rebasaba la Constitución, sentía que su liderazgo todavía quedaría más reforzado. La reunión del 20 de septiembre con Rajoy, que no tenía ninguna necesidad de pactar y estaba atrapado aún en la crisis económica, tuvo el resultado previsto. Ningún cambio en el modelo de financiación autonómica. Al regreso de Mas a Barcelona esa misma tarde la ANC le organizó un recibimiento masivo en la plaza Sant Jaume reforzado por la significativa presencia de intelectuales en primera fila, como describo en *El llarg procés*.

Todo parecía seguir el plan previsto. El plan B. Un día de esos el *spin doctor* de cabecera del presidente –David Madí– entró exultante en el despacho del director del diario más importante de Barcelona (el director era José Antich; el diario, *La Vanguardia),* que se había sumado al *procés* rompiendo su línea editorial tradicional. Madí, temido e influyente. Tenían encuestas frescas. La victoria convergente sería formidable. El poder seguiría en manos de los de siempre. El 25 de septiembre, Mas, cuando no se había alcanzado aún la mitad de la legislatura, avanzó la convocatoria electoral. Por primera vez los comicios se convertían en una herramienta más de soberanización. Al cabo de dos días, el 27, conseguía aprobar una resolución de soberanía en la que se decía que los catalanes, toda vez que habían visto frustrados sus intentos de ser reconocidos como sujeto político a través del ordenamiento constitucional español, tenían derecho a decidir. Ese, de hecho, sería el eje de su campaña. Mas pidió una «mayoría indestructible» y se arrogó la representatividad de «la voluntad del pueblo» con un cartel en el que aparecía con los brazos abiertos hecho un nuevo Moisés. Pocas veces se ha demostrado tan engañosa la ilusión de la unanimidad.

Nunca podremos calibrar hasta qué punto los resultados fueron mediatizados por la guerra sucia puesta en marcha desde las cloacas del Estado, con conocimiento seguro del jefe de gabinete del presidente Rajoy. La operación se había activado en verano. Altos responsables de la policía pidieron a un comisario turbio que obtuviera información comprometedora de los líderes convergentes para calumniarlos con el afán de desacreditar así el movimiento soberanista. Ese comisario se trasladó a Barcelona con los bolsillos llenos de dinero de los fondos reservados. En poco tiempo, mezclando información extrajudicial con otras causas en curso y aliñándola con mala fe y testigos de parte, elaboró un informe que pasó a los mismos periodistas del diario *El Mundo* que semanas atrás lo habían encubierto para obtener testimonios. Diez días antes de las elecciones esos periodistas divulgaron la exclusiva de un supuesto desvío de dinero al extranjero por parte de Artur Mas y Jordi Pujol. El mismo día en que se publicó la noticia, uno de los dos autores intervenía en una exitosa tertulia televisiva para apuntalar la calumnia. El *procés* no se podría parar en las urnas, pero quizás quedaría tocado por la vía de echar mierda.

El 25 de noviembre de 2012 los resultados no fueron los que Mas esperaba. CiU perdió 12 diputados (de 62 a 50), la mayoría de los cuales fueron a parar a la Esquerra Republicana liderada ya por Oriol Junqueras (que pasó de 10 a 21). La CUP –un partido anticapitalista– se estrenó en el Parlament con tres diputados. La suma de los tres partidos obtuvo el 47,87 % de los sufragios. 74 diputados. El liderazgo de Mas se debilitaba, pero, en vez de rectificar, el presidente doblaba la apuesta soberanista. Como ya no dejaría de suceder, en lugar de corregir errores de aceleración (que distanciaban la política catalana de la realidad), Mas relanzaba el desafío del *procés* para seguir intentando capitalizar la movilización a su favor. A finales de año Mas constituyó su nuevo gobierno y menos de un mes después se aprobaba en el Parlament la resolución «Declaración de soberanía y del derecho a decidir del pueblo de Cataluña». Más palabras que hechos o, en todo caso, algunos hechos empobrecedores: el PSC tampoco rectificaba y, cautivo del *procés*, no paraba de adelgazar (quizás el caso más evidente de la metamorfosis del sistema de partidos catalanes, el tsunami, por decirlo con J. B. Culla).

Pero sobre todo había palabras: el relato que alejaba la política catalana de la realidad, el relato que buena parte de la sociedad catalana acabaría prefiriendo a la descripción de la realidad. Un relato que flirteaba con la posverdad y creaba una falsa sensación de consenso.

El relato de la declaración tenía un fundamento historicista: un relato unidireccional reelaborado, generación tras generación, por la historiografía nacionalista. Se remontaba a la Edad Media para demostrar una secular voluntad de autogobierno –«la voluntad de ser» de Vicens– que a partir de determinado momento había quedado truncada por la voluntad del poder español. 1714 como punto de inflexión. «La caída de Barcelona en 1714, a raíz de la Guerra de Sucesión, conllevó que Felipe V aboliera con el Decreto de Nueva Planta el derecho público catalán y las instituciones de autogobierno.» A partir de ahí, saltando sin solución de continuidad de la época premoderna al siglo XX, se desplegaba la explicación de los intentos reiterados de reconstituir el autogobierno, pero lo más significativo es que al relato nacionalista clásico habían quedado del todo integrados los hitos del proceso soberanista: se hablaba de la reforma del Estatuto y de la sentencia del Tribunal Constitucional, pero también de las manifestaciones organizadas por Òmnium en 2010 y por la Assemblea Nacional hacía menos de un año. El derecho a decidir, por lo tanto, era un derecho legitimado por aquella vieja historia de voluntad nacional permanentemente frustrada, que solo conseguiría reencontrarse a sí misma si podía expresarse. No se hacía referencia al derecho a la autodeterminación, es cierto, pero se afirmaba el derecho a decidir en tanto que Cataluña era descrita, con toda rotundidad, como un sujeto con plena soberanía política: «El pueblo de Cataluña tiene, por razones de legitimidad democrática, carácter de sujeto político y jurídico soberano.»

Era la afirmación institucional de un nuevo demos que necesitaba expresarse. Un demos que se iría reforzando discurso tras discurso, convocatoria electoral tras convocatoria electoral, acumulando energía. El gobierno Mas no solo debía impulsar un relato, que tendría como paradigma el simposio «España contra Cataluña», comisariado por el historiador Jaume Sobrequés. Había que seguir con el apoyo tácito a la movilización civil encargada a la ANC, había que internacionalizar el desafío político creando un programa específico de la Generalitat (el Diplocat), había que crear estructuras de Estado y había que ir dando forma legal a la ruptura. Con ese propósito se constituyó un grupo de trabajo muy cualificado con el encargo de pensar el cómo: el Consejo Asesor para la Transición Nacional, integrado por académicos de prestigio (con Germà Bel, Carles Boix, Salvador Cardús o Àngel Castiñeira) y presidido por un Carles Viver que iría desarrollando la idea de la Ley de transitoriedad jurídica. Así se debía llegar a 2014, idealizado como el año de la plenitud simbólica. Se iba a por todas y en todos los frentes. Había que construir un castillo, pero era un castillo de naipes.

El año del Tricentenario fue pensado como el momento cenital de consolidación del demos. La efeméride debía posibilitar el despliegue definitivo de toda la operación de soberanización que concluiría con una consulta –el 9N– escenificada como un referéndum. La conmemoración la organizaron al mismo tiempo la Generalitat y el Ayuntamiento de Barcelona, que por primera vez contaba con un alcalde convergente, Xavier Trias. Los comisarios de la celebración no fueron especialistas en el periodo, como es habitual, sino brillantes referentes mediáticos soberanistas –Toni Soler y Miquel Calçada–. El Born, dirigido por el activista Quim Torra –editor y miembro de la junta de Òmnium–, redescubría las ruinas de la ciudad de 1714 como raíz del presente. El espacio de memoria se transformó en una potente caja de resonancia desde la cual la herida de la antigua derrota se expandía para reconciliar al pueblo con su voluntad de ser inmarcesible. Sería el momento de la comunión entre pasado y presente. El instante de fusión. «La historia nos convoca» fue el eslogan inquietante de un anuncio institucional que vale la pena revisitar.

Pero la realidad, a menudo, cuestionaba la lógica de ese relato teleológico. Vale por la confesión de la corrupción –como evidenció el devastador comunicado de Jordi Pujol–, vale por las tensiones partidistas –para controlar la ANC, por ejemplo, con suficiente fuerza como para exigir al presidente de la Generalitat que convocara nuevas elecciones–, o vale por la ofensiva del TC reconvertido en brazo ejecutor del PP gubernamental. Sobre todo valdría por los resultados en las elecciones municipales de mayo de 2015. La victoria de Ada Colau –fruto de una confluencia que sobrepasaba las fronteras de los partidos tradicionales– solo fue por 17.409 votos de diferencia, pero introducía una variable amenazadora al proyecto soberanista ideado por las élites y contaba al mismo tiempo con un apoyo popular incuestionable. El triunfo de Colau –que no pudo evitar utilizar *pro domo sua* una nueva aparición de la guerra sucia del Estado, en este caso contra el alcalde Trias– descubría que el independentismo no era la única propuesta política que impugnaba con fuerza el *statu quo* y lo hacía con una agenda que trascendía el pleito territorial.

En esa tesitura se intensificó la tensión entre Convergència, porque la democratacristiana Unió ya se había descolgado para convertirse en irrelevante, y Esquerra Republicana. Mas no quería dejar el timón o, en cualquier caso, no quería que Junqueras lo cogiera. Finalmente se convocaron elecciones. Un nuevo anticipo. Otra vez la mecánica electoral se utilizaba no tanto para hacer política como para movilizar, porque se predicaba un programa de aplicación más que improbable. Los del 27 de septiembre de 2015 no serían unos comicios cualesquiera, se dijo. Serían un plebiscito para la independencia. Participaría una plataforma impulsada por la ANC y Òmnium –unas entidades formalmente de la sociedad civil pero con un carácter parainstitucional ya descarado– con políticos de Esquerra y Convergència básicamente. La paradoja era que si ganaba esta plataforma, Artur Mas –cuarto candidato por la circunscripción de Barcelona, que no participaría en los debates entre los cabezas de lista y por lo tanto no estaría sometido a la fiscalización de su acción de gobierno– sería elegido presidente de la Generalitat.

Todo el soberanismo estructurado, desde las élites académicas hasta las asociaciones civiles, se entregó en cuerpo y alma a la campaña, como muestra el dietario del periodista Francesc-Marc Álvaro, titulado *Per què hem guanyat*. La participación fue estratosférica (el 77,45 % del censo), y el independentismo obtuvo el apoyo de un 47,8 % de los electores. Era muchísimo, pero no suficiente. Lo dijo el candidato de la CUP, Antonio Baños, al valorar los resultados. Después de ese periodo de fervor, todo seguía exactamente igual que hacía tres años. O peor. Primero, porque una fuerza gestada para combatir el catalanismo –Ciutadans– se convertía en el principal partido de la oposición; y segundo, porque, hecho el recuento de diputados, la cosa había terminado en jarro de agua fría. Ahora Junts pel Sí (62) y la CUP (10) sumaban 72 diputados (dos menos que en la anterior legislatura). No había, por lo tanto, un mandato democrático. A pesar del retroceso, a pesar de la derrota del plebiscito, el jefe de campaña de Junts pel Sí –el editor Oriol Soler, un independentista de toda la vida, *fontanero* determinante en la última fase del *procés*– pidió a los cabezas de lista –Romeva, Junqueras, Mas– que afirmaran que habían ganado. Le hicieron caso a pesar de que era una verdad a medias.

Se cambiaron las reglas del juego. El relato es el relato. Esa noche la militancia congregada en la plaza del Born –precisamente ahí– exultaba. Raül Romeva, el número uno por Barcelona, gritó el eslogan «Un solo pueblo». No era verdad. Era una irresponsabilidad, pero la dinámica del *procés* ha imposibilitado siempre la rectificación realista, porque en el fondo ha escondido siempre una soterrada competición por el liderazgo. Y en esa tesitura aún era menos posible rectificar. Porque la CUP, de la que dependía la posibilidad de nombrar gobierno y que repetía una y otra vez que no optaría por Mas, aún exigiría más velocidad a un tren que avanzaba imantado por la posibilidad de descarrilamiento de las instituciones de autogobierno.

En aquellas semanas se produjo una nueva escenificación y se aprobó un nuevo texto que, a pesar de que parecía que perpetuaban situaciones y proclamas ya conocidas, prefiguraban el marco insurreccional en el que podía acabar colapsando todo. El jueves 15 de octubre Artur Mas declaraba como imputado por la organización de la consulta participativa del 9N. Podría haber declarado en su despacho de presidente, pero prefirió hacerlo en el Palacio de Justicia porque eso le permitía instrumentalizar la comparecencia. La ANC organizó una concentración y los hombres fuertes del *procés,* más los alcaldes de la AMI, con la vara en la mano, acompañaron a Mas en procesión hasta las puertas del Palacio. Una de las proclamas más frecuentes fue «Mas presidente, Cataluña independiente». La escena se retransmitió en directo por TV3 con un gran despliegue de medios. Se establecía un posicionamento frente al Estado de derecho porque la ciudadanía movilizada cuestionaba la separación de poderes con su presencia.

El cuestionamiento del sistema se aceleraría todavía más. Al cabo de tres semanas, de acuerdo con los resultados de las elecciones, el Parlament aprobó una resolución en virtud de la cual se iniciaba «el proceso de creación de un Estado catalán independiente en forma de república». Era el 9 de noviembre. Se iniciaba, indefectiblemente, el camino hacia la ruptura institucional. El sexto punto afirmaba lo siguiente: «El Palamento de Cataluña, en tanto que depositario de la soberanía y como expresión del poder constituyente, reitera que esta cámara y el proceso de desconexión democrática del Estado español no se supeditarán a las decisiones de las instituciones del Estado español, en particular del Tribunal Constitucional, que considera falto de legitimidad y de competencia a raíz de la sentencia de junio de 2010 sobre el Estatuto de Autonomía de Cataluña, votado previamente por el pueblo en referéndum, entre otras sentencias.» Otra vez la sentencia como fuente de legitimidad de la ruptura. Precisamente por la sentencia que había dictado contra el Estatuto, se afirmaba que el TC estaba deslegitimado y no se lo consideraba un órgano competente.

Era la instrumentalización política definitiva del escenario creado por el punto ciego constitucional previsto por Pedrol Rius. La distancia entre la ciudadanía y la institución era la justificación de la ruptura.

Aquellas palabras de la resolución tenían una potencialidad performativa. Decían la ruptura. No la hacían. Pero se había puesto negro sobre blanco. La desconexión era eso. Buena parte de los miembros del gobierno, cuando la leyeron, y como descubrió la periodista Lola García, se llevaron las manos a la cabeza. No fue una resolución inocua. Ni para un bando ni para el otro. Al cabo de un mes el letrado mayor del Parlament lo advirtió. En virtud de la moción, el Estado había reciclado el argumentario para proseguir con la estrategia de anestesiar el desafío soberanista judicializándolo. Cuando el abogado del Estado quisiera cortocircuitar el despliegue de la hoja de ruta, echaría mano de la sentencia del Tribunal Constitucional que anulaba la resolución. Las leyes del proceso constituyente serían vulnerables.

El sábado 9 de enero terminó la agonía vivida desde la noche electoral. Ni se repetirían las elecciones ni Artur Mas sería reelegido presidente de la Generalitat. El comodín fue el convergente Carles Puigdemont –alcalde de Girona y presidente de la AMI–. Su perfil era ideal porque el motor íntimo de su compromiso político, siempre, había sido el independentismo. Lo subrayaron las biografías publicadas deprisa y corriendo. Cuando impulsó la primera agrupación de la Joventut Nacionalista de Catalunya en Girona, ya lo era. Cuando en 1980, con dieciocho años, escuchó a Jordi Pujol en un mitin de las primeras elecciones autonómicas, creyó que Convergència Democràtica era el partido que podía trazar «el camino más sólido hacia el ejercicio del derecho a la autodeterminación» (son palabras suyas de 2007). Cuando las *diades* del 11 de Septiembre se descafeinaron, él aún frecuentaba el Fossar de les Moreres. En la época de la Crida, tampoco faltó.

Puigdemont era un caso paradigmático de la vanguardia juvenil soberanista que podía madurar dentro de Convergència mientras la dirección afianzaba el Estado del 78. El 12 de enero de 2016 tomó posesión como presidente. Su programa era el de Mas.

Al cabo de dos semanas se constituía la Comisión de Estudio del Proceso Constituyente presidida por la diputada Muriel Casals, quien moriría al cabo de poco tiempo. La comisión se inspiraba en la resolución del 9N y su propósito era establecer el procedimiento que se seguiría para elaborar la futura Constitución de la República Catalana. Teóricamente solo debía analizar un asunto que preocupaba a la sociedad catalana, pero, si todo iba como se pretendía (así lo dijo Casals en la sesión de apertura), la Mesa del Parlament daría una tramitación específica a sus trabajos. El Estado, lógicamente, lo intentó impedir, y el abogado del Estado presentó un recurso toda vez que «el informe y las conclusiones pueden dar lugar a una nueva declaración política o al inicio de decisiones concretas en orden a la consecución de un proceso constituyente de secesión de España». Pero la comisión no perdía el tiempo y la mayoría de los diputados descartaba cualquier solución dentro del marco español. «Nosotros entendemos superadas consideraciones como la reforma constitucional y otros aspectos, plurinacionalidad, etcétera», afirmó Lluís Maria Corominas en una de las sesiones de la comisión. Allí se estaba dando forma legal a la nueva república porque así se había establecido el 9 de noviembre. El 27 de julio el pleno del

Parlament, consciente de que incumplía lo dictado por el TC, decidió tramitar las conclusiones.

Pasado el verano, después de que la CUP volviera a poner en la picota la estabilidad gubernamental (no había votado a favor de los presupuestos), Carles Puigdemont se sometió a una moción de confianza y formuló el principal objetivo de su gobierno. Ahora era él quien tomaba el control. «O referéndum o referéndum.» No formaba parte del programa de Junts pel Sí, que presentaba el referéndum como una pantalla superada, pero ahora se volvía a colocar en el centro de la vida política. Puigdemont salió adelante porque proclamó aquel juramiento.

El 6 de octubre el Parlament adoptaba una nueva resolución. Fruto del «derecho imprescriptible e inalienable de Cataluña a la autodeterminación» y después de los resultados de las elecciones del 27 de septiembre, la mayoría parlamentaria se comprometía a celebrar un referéndum con cobertura legal. Una ley vigente o una ley creada con ese propósito. Es decir: o referéndum pactado con el Estado o referéndum unilateral de independencia. El RUI. Lo quería la CUP y lo teorizaba el influyente *lobby* académico y mediático formado por Paluzie, Graupera o Vila, que empezó a promocionarlo con intensidad a través de las redes y la prensa digital. La principal virtud de ese referéndum era su radicalidad: hacía saltar por los aires el irresponsable bloqueo con que el gobierno Rajoy había posibilitado el despliegue del *procés* y, polarizando una sociedad tan compleja como la catalana, extremaba la discusión y forzaba la explosión de un consenso cosido durante décadas y descodificado como autonomismo cobarde.

Con esa decisión tomada, el 11 de enero de 2017 Puigdemont se reunió (en secreto) con Rajoy en la Moncloa. El presidente del Gobierno español reiteró que no quería ni podía pactar un referéndum. El referéndum, en consecuencia, sería unilateral. En el despacho del presidente de la Generalitat se acumulaban sucesivas notificaciones del TC, pero la decisión de desobedecer al Tribunal era una forma de afirmar su posición. En una ocasión se fotografió con las notificaciones, colgó la imagen en Twitter y al pie escribió: «No dejaremos de ir adelante.» No lo haría. Él, su gobierno y el comité en la sombra –descrito en la propuesta estratégica «Reenfocando el proceso de independencia para un resultado exitoso»– que diseñaba las acciones de la alianza entre institución y entidades soberanistas parainstitucionales pero enraizadas en la sociedad civil.

El 9 de junio se anunció la fecha del referéndum –el 1 de octubre– y la pregunta –«¿Quiere que Cataluña sea un Estado independiente en forma de república?»–, y el presidente afirmó que la Generalitat podría organizarlo porque Cataluña era un pueblo que tenía derecho a la autodeterminación. Ya solo había que aprobar la ley del referéndum y hacer todo lo posible para que el Estado no imposibilitara que se celebrase. En función de los resultados de una convocatoria que no asumía como legal ni el Estado ni la minoría del Parlament (que tenía menos escaños pero representaba a un número superior de votantes), entraría en vigor una ley de transición después de la declaración unilateral de independencia.

El 6 de septiembre de 2017 la metáfora del choque de trenes, con la que jugaba incluso la publicidad institucional, se convirtió en una realidad jurídica. Durante aquel día y el siguiente, a lo largo de unas sesiones maratonianas y lamentables que hicieron implosionar todo el ordenamiento constitucional en Cataluña –se pisotearon el Estatuto y la Constitución–, se rompió el consenso catalán. El Parlament, que existe para evitar abusos de la mayoría sobre la minoría, pervirtió su función. La presidenta de la cámara se vio desbordada. De nada sirvió que los letrados del Parlament advirtieran de que se estaba cometiendo una ilegalidad. De nada sirvieron los dictámenes del Consejo de Garantías Estatutarias. Ambas leyes quedaron aprobadas por mayoría absoluta, sí, pero con una mayoría que sería insuficiente para aprobar una reforma del Estatuto. La cámara quedó medio vacía porque tres grupos políticos la abandonaron mientras se votaba.

La respuesta sería la esperada. El presidente Rajoy dijo que no lo permitiría. Pero al fin, si se conseguía celebrar el referéndum, el proceso de soberanización habría conseguido sus últimos objetivos: el despliegue total de un nuevo demos, la conversión de los ciudadanos de Cataluña en un cuerpo soberano legitimado para fundar una nueva legalidad. La cuestión es si, aparte de la mayoría, se tenía fuerza suficiente para resistir. Porque fuera de la ley, que es donde se había situado el Parlament, solo había fuerza.

La tarde del miércoles 7 de septiembre, mientras todo eso pasaba, yo leía en público la primera versión de este texto en el auditorio de Sant Martí, en Barcelona. Detrás de mí, una gran pantalla. El título de la conferencia, pactado a mediados de julio, era «¿El epílogo del *procés*?». Pedí a los organizadores si podían retransmitir el agrio debate del Parlament. Así lo hicieron. A la salida nos cayó encima un chaparrón considerable. Literalmente.

Un largo epílogo

Salgo a media tarde de la torre de marfil de la Residencia de Estudiantes. El barrio es tranquilo porque es adinerado. En la parte final de la calle Pedro de Valdivia algunos balcones están engalanados con grandes banderas españolas de colores deslucidos. Es una respuesta al llamamiento de la presidenta de la Comunidad. El nacionalismo español, ahora sí, ha salido de la caverna. A lo lejos se intuye Nuevos Ministerios. Pienso en la larga conversación que acabo de tener durante la comida con Ignacio Sánchez-Cuenca. Insiste en que la idea de soberanía quedó petrificada en la sentencia del TC sobre el Estatuto. No me lo quito de la cabeza. Llego a la Castellana. Podría ser una avenida de cualquier capital europea. No hay que andar mucho para pasar al lado de la sede de La Caixa, el Banco de Sabadell y Abertis. Al otro lado de la calle, la embajada norteamericana, en el centro la estatua de Cánovas del Castillo y un poco más allá el palacete de la embajada alemana. No es solo el Estado. Es más. En Madrid el poder –el poder que ha callado tanto– es una presencia real. Giro a la derecha. Fundación Ortega-Marañón. El palacete está en obras, como invertebrado. No es una metáfora.

Tarde del viernes 29 de septiembre. El seminario de historia más importante de España ha organizado una sesión abierta. El tema es el Tema. Bajamos al aula del sótano. Unas cincuenta personas. Se debate el libro colectivo *El proceso separatista en Cataluña,* cocinado con la sal de Barcelona, y la ponencia que leí en el auditorio de Sant Martí a principios de mes. Mensaje de mi padre en el móvil. «Suerte y prudencia.» Los séniors son los maestros José Álvarez Junco y Enric Ucelay-Da Cal. Yo, que soy filólogo, sugiero que todo empezó con una crisis constitucional (el caso Pedrol Rius que me descubrió el historiador Nicolás Sesma). La sesión, seguida con interés y gravedad, se alarga no menos de dos horas. En un momento dado Ucelay habla de la tensión que hay en la sala. Dice que en Barcelona además hay miedo. La historia es mejor escribirla que vivirla.

Tiene razón. Tiene demasiada razón. Hace ya más de un mes que la historia ha comparecido sin compasión en nuestra realidad. Lo hizo a través de un chico de Ripoll radicalizado que, convertido en terrorista, una tarde de verano mató a tanta gente como pudo en la Rambla de Barcelona. La esperanza de que la tragedia sirviera para recoser tantos desgarrones no se materializó. Todo fueron suspicacias.

La degradación del sistema se palpó en una manifestación para homenajear a las víctimas que se transformó en una burla a las instituciones españolas. La humillación al jefe del Estado, con la complicidad de las principales autoridades catalanas, no saldría gratis. Solo era cuestión de tiempo. 6 y 7 de septiembre. Cartas bocarriba. Después de años preparando el momento, con las posiciones congeladas, nos encontramos cara a cara con la fuerza. Llegan miles y miles de policías y guardias civiles del resto de España. La gente grita «A por ellos». El diálogo es mentira. La historia ha vuelto para instalarse entre nosotros una buena temporada.

Desde hace tres semanas Cataluña es una nación que vive en dos estados. Lo dice Álvarez Junco. Dos estados en pugna que no comparten legalidad. El gobierno de la Generalitat está desafiando al Estado refundado durante la Transición. Un desafío que, impugnando el marco legal vigente para ejercer el fósil del derecho a la autodeterminación, tiene como objetivo la construcción de un nuevo Estado e, inevitablemente, la destrucción del Estado español que a principios del siglo XIX se originó con la quiebra de la monarquía absoluta. Ante la formalización de un desafío tan excepcional, el Estado de Derecho –el poder organizado que ordena la convivencia, debilitado aquí y en todas partes por la globalización– se ha puesto a actuar sin reparos con el objetivo prioritario de salvaguardar su supervivencia si hace falta imponiendo una represión que degrada al mismo sistema. Lo vemos un día y otro. Acción, reacción. Declaraciones, contradeclaraciones. Detenciones, movilizaciones. La escalada no se enfría porque el precio que los gobiernos están dispuestos a pagar por el referéndum –para hacerlo, para impedirlo– es altísimo.

Hacia el final del debate en la Fundación Ortega, después del turno de preguntas («¿quién lidera el *procés*?»), los dos referentes de la historiografía contemporánea empiezan a hablar de tecnología: cuentan cómo la aparición de formas nuevas de comunicación, desde hace medio milenio, ha sido un factor determinante en el ascenso y la caída de órdenes políticos. La imprenta, la prensa, la radio, las redes. La mañana siguiente me zampo el libro *Tres periodistas en la revolución de Asturias*. Uno de los tres es Josep Pla, que a mediados de octubre del 34 fue uno de los primeros periodistas en llegar a Asturias. Se encontró con un Oviedo devastado y miles de muertos, pero la conmoción en el resto de España se había contenido. No hay imágenes. El Estado republicano, colapsado por la revolución, envió a la Legión. Represión brutal. Silencio. El Gobierno aún podía imponer un apagón informativo. La idea de ciudadanía no había progresado tanto. Ya no es nuestra época. Nuestra época es la digital y del solipsismo de la Unión Europea, la anhelada nueva patria que ni sumando más soberanía puede obturar el distanciamiento entre los ciudadanos y sus estados respectivos.

El domingo 1 de octubre la variante local de esta crisis global estalla al lado de casa. En la escuela Diputació, por ejemplo, donde estudian niños que compartieron mocos con los míos en la guardería. Las urnas, las mesas y las papeletas están ahí. El país real y mesocrático lo ha hecho posible. En Barcelona y en toda Cataluña. La red secreta, de gente que se ha sentido en la clandestinidad, ha funcionado. El Estado ha perdido y responde con ira. Pero ni la violencia armada puede dispersar al gentío que, fraternalmente, mediante resistencia pacífica, ha organizado codo con codo un referéndum que tendría que valer solo como expresión ansiosa y multitudinaria de un demos que ha intentado expresarse por todos los medios habidos y por haber. Y ese demos, reprimida su eclosión, se ensancha haciéndose viral. Las imágenes de la vergüenza rebotan del teléfono a la red y de la red al mundo. No es Ankara. Es Barcelona. Las porras de los policías golpean en otros puntos de un territorio que no conocen, con la rabia del fracaso de un gobierno que ha fallado en un momento clave y ha perdido el control del país real y mesocrático. Ninguna dimisión.

El soberanismo, que ha planteado un sabotaje al Estado desde todos los frentes, lo ha desnortado y así ha ganado una batalla con urnas transformadas en símbolo. Es el éxtasis del *procés*. Será una experiencia política inolvidable.

Un catalán de Mallorca, Jaume Claret, con quien hace nada berreábamos un estribillo de los Stones («You can't always get what you want / But if you try sometime you find / You get what you need»), me escribe un mensaje. «Ya sé que habías decidido no votar, pero... si puedes, vota por mí, aunque sea en blanco.» Pienso en la ignominia democrática del Parlament. Pienso otra vez en algunos buenos amigos independentistas a los que la guerra sucia ha hundido el horizonte. Hoy, consiguiendo votar, han reconquistado su honor. No puedo compartir su ilusión porque dudo de que nuestro contexto posibilite una independencia posmoderna, pero tampoco puedo negar el dolor que se ha sembrado. La ola de indignación emocional va agujereando la resistencia de los que pensamos que el Estado del 78 –el de las nacionalidades y las regiones– debía ser el marco de una solución no traumática del conflicto territorial. Aprieto el botón del ascensor, bajo, me dirijo a la escuela Joan Miró, hago cola profundamente entristecido, percibo una brutal energía colectiva que se expande, voto y regreso a casa bloqueado, oyendo el sonido permanente de un helicóptero como si fuera un cuchillo amenazador.

Luego vendrá el paro general y después el discurso del rey. No hay buenas palabras. No hay matices. No habrá concordia. El futuro de la monarquía ha quedado aparejado al mantenimiento de la unidad de España. Por pocos minutos, la razón de Estado se instala en el comedor de casa y la gestualidad del monarca proclama que no habrá piedad para los rebeldes. El horizonte inmediato ha quedado fijado. El artículo 155 de la Constitución, escrito para que no se tuviera que aplicar, empieza a cobrar vida. «Si una Comunidad Autónoma no cumpliere las obligaciones que la Constitución u otras leyes le impongan, o actuare de forma que atente gravemente al interés general de España, el Gobierno, previo requerimiento al Presidente de la Comunidad Autónoma y, en el caso de no ser atendido, con la aprobación por mayoría absoluta del Senado, podrá adoptar las medidas necesarias para obligar a aquella al cumplimiento forzoso de dichas obligaciones o para la protección del mencionado interés general.» La crisis constitucional podía terminar con una nueva planta, como si los sueños húmedos de la FAES se hicieran realidad, y el edificio territorial del Estado definitivamente derrumbado. El presidente Puigdemont responde al día siguiente. Casi todas las empresas catalanas del Ibex empiezan a trasladar su sede social. La bandera la han levantado el Banco de Sabadell y Caixabank. Pánico quizás no, pero fuga de depósitos sí (nueve mil millones de euros, dicen, de una entidad que tiene un pasivo de veintiún mil). La alarma se extiende al mundo empresarial. El gobierno español aprueba un decreto que facilita la huida de las empresas. Estampida.

En el patio de manzana de casa, en el Ensanche, han aparecido dos banderas españolas. En una manifestación masiva en Barcelona se grita «Puigdemont a la prisión». Tras años intentando contrapesar la movilización soberanista sin éxito, Sociedad Civil Catalana desborda el centro. El nacionalismo español se rearticula en las calles de mi ciudad. Y lo hace, herido, con afán de humillación. Para mucha gente, de toda España, ese mediodía es vivido también como una experiencia política liberadora. Los andenes del metro en L'Hospitalet y Badalona están llenos a rebosar. No es un cambio menor. La polarización también se hace identitaria.

Ahora todo depende de si se considera que el 1 de octubre fue la movilización más extrema o de verdad se celebró un referéndum vinculante. Si el Gobierno lo explica como un referéndum, el Parlament tendrá que hacer lo que votó: declarar unilateralmente la independencia.

La incógnita se resolverá el día 10. Allá voy. La periodista y escritora Anna Ballbona, con quien he cenado en La Garriga hace nada, me sirve de guía. Hay un montón de salas llenas de periodistas. Cables por el suelo y latas de Coca-Cola en los rincones más nobles. En los sets de radio improvisados se hace tertulia. En el patio de la cafetería, en un extremo, las diputadas de la CUP fuman sin alegría mientras esperan que se agote el tiempo muerto solicitado por Puigdemont en el último minuto. Un corresponsal de *La Stampa* tiene que escribir un artículo sobre los Países Catalanes, la gente se enseña mensajes en el teléfono, Neus Tomàs me presenta a Ignacio Escolar («vosotros, como nosotros, sois los únicos que aún creéis en el diálogo») y la periodista francesa que me ha acreditado —Elise Gazengel– se lleva las manos a la cabeza: tiene conexión vía satélite contratada, la cadena ha pagado un dineral, son más de las siete y no ha pasado nada. ¿Qué sucede? En el auditorio, que es donde estoy, un grupo de gente aplaude cuando el presidente agradece el esfuerzo de los voluntarios que organizaron el referéndum y aún aplaude más y se pone de pie cuando parece que declara la independencia. Se vuelven a sentar. Sí, pero todavía no. El presidente está completando el relato procesista con el capítulo del referéndum del día 1, pero acaba encajándole una expresión de responsabilidad. Declara y suspende. «Dar una oportunidad al diálogo.» Termina. No aplauden los duros. Ni Antoni Castellà. Entre los independentistas pata negra, caras largas. A la salida oigo a un mosso d'esquadra comentándole a un compañero que ahora que aquí han hecho un gesto ojalá también lo hagan allí.

No habrá gestos públicos de distensión. El monstruo del 155 se ha despertado. Se envía el requerimiento a Puigdemont. ¿Ha declarado la independencia? Solo vale un sí o un no, y no hay una respuesta clara. Aún quedan unos pocos días para determinar dónde estamos. Pero la realidad se impone. El Estado se sabe en un momento excepcional y necesita mostrar que suya es la fuerza. Jordi Sànchez y Jordi Cuixart –presidentes de la ANC y de Òmnium, respectivamente– son encarcelados de manera preventiva. Algo ha fallado. O bien fallan los canales de comunicación entre los gobiernos, o bien los moderados de Madrid tampoco controlan la situación. ¿Presos políticos? Técnicamente, no; ningún Estado lo plantearía en esos términos, pero están en prisión como consecuencia de haber defendido una causa política. Presos políticos. Esa noche voy al programa *Més 324* de Xavier Graset. Digo que el marco de negociación cambia. La amnistía formará parte de la negociación.

La represión ya es una realidad. Para frenarla –para frenar también la pérdida del autogobierno– el presidente de la Generalitat solo tiene una carta. Ya solo le queda una. Convocar elecciones a cambio de la suspensión de la aplicación del 155. El PSC juega con lo que tiene, el consejero Santi Vila con lo que puede y el Partido Nacionalista Vasco lidera una mediación implícita. Todo el mundo tiene información de reuniones privadas. De llamadas que no llegan. De compromisos que no se escriben.

Voy a Oviedo con el editor Luis Solano para presentar el libro *Tres periodistas en la revolución de Asturias*. En el centro de la ciudad hay muchas banderas españolas en los balcones. En el acto de presentación la gente pregunta si la situación actual se puede comparar con la de 1934. Hay una gran diferencia. La represión. Entonces la violencia política formaba parte de la cotidianidad. Ahora es impensable. También lo es que alguien pueda ser encarcelado por defender proyectos políticos. Pero pasará. Lo peor está volviendo a pasar. Al día siguiente volvemos a primera hora. Aterrizamos en El Prat. Conecto el móvil porque nos hemos hecho adictos a la última noticia, a la información vivida como una constante experiencia emocional. Se hace la luz. Carles Puigdemont convocará elecciones. Al mediodía, dicen, lo anunciará desde el Palacio de la Generalitat. Ya en casa, pendiente de la rueda de prensa. Se aplaza. Minutos. Tiempo suficiente para que en Twitter la sociedad soberanista dicte sentencia. En una manifestación de estudiantes aparecen pancartas con la palabra «traidor». La decepción se expande por las calles y la red se convierte en un desolladero.

El presidente no tiene autoridad. No la tiene y es cautivo de la atracción del *procés* por el abismo. Es un relato que no permite rectificar la realidad que supera los problemas acelerándose. Es la conjura de los irresponsables. Ni Puigdemont, hombre de convicciones firmes, podrá actuar con realismo. En el Senado nadie enarbola la bandera blanca y en Barcelona hay desbandada. Más llamadas colgadas entre Barcelona y Madrid. Lealtades negadas en un instante. Vitoria tira la toalla. La sensación de que ya no se puede hacer nada. Tocará ir al Parlament. Tocará levantar sin ánimo la suspensión y declarar la independencia. A la hora de la verdad, «Els Segadors» suenan como la despedida de un funeral de segunda. No hay alegría. No hay júbilo. Hay el rostro de la pena. Porque todo el mundo sabe que, más allá de las palabras, más allá de la movilización, no había nada sólido. Había relato, había energía, había ilusión, había un nuevo demos, pero no había política porque se había negado la realidad.

Y la bandera española no fue arriada del Palacio de la Generalitat. La gente congregada en la plaza Sant Jaume, enfervorecida, ya podía repetir «Fora, fora, fora la bandera espanyola» que las horas pasaban y al lado de la bandera catalana ondeaba aquella que define con precisión el artículo 4 de la Constitución. El gallo cantaba al despuntar el día y ahí seguía la bandera. Pocas imágenes han tenido una carga simbólica tan reveladora como esa. Porque, al fin y al cabo, si se acababa de proclamar la secesión de Cataluña respecto de España para constituirse en un nuevo Estado en forma de república, no tenía ningún sentido que la bandera de otro país continuara desplegada en Palacio. En otros edificios institucionales, ahí donde la desconexión es casi total, sí fue arriada. Pero en el principal, no.

Como ha sucedido a lo largo de buena parte del proceso soberanista –desde la ponencia encargada de redactar el Estatuto–, quedaba desmentida de nuevo la convicción ingenua de que la fijación de un deseo en un texto legal tiene una capacidad performativa automática. Ahora tampoco. Así, pasada la hora de la verdad, se empezó a extender una sensación de frustración resignada: la nueva República, surgida de la épica del 1 de octubre, no pasaba de ser un significante vacío. No había ningún reconocimiento internacional. No había estructuras que permitieran hacer efectiva la transición del viejo Estado al nuevo. No había capacidad de imponer con la fuerza un nuevo *statu quo*. Por no haber, no había ni la voluntad de escenificar el nacimiento del nuevo Estado con una acción simbólica como arriar la bandera. Palabras, palabras, palabras.

El desconcierto es que las élites gubernamentales lo sabían, como empezamos a descubrir, pero lo habían silenciado. No convenía. Durante mucho tiempo se había intentado consolidar socialmente el relato ilusorio para ensanchar la movilización permanente. Hacer, primero, que la demanda de ruptura fuera casi unánime, fácil como lo es un grito en el corazón, y así, después, emergería la República como si la fortaleza del Estado ya no pudiera hacer nada para evitarlo. Pero cuando después de unos años de relato nos despertamos el día en que la pureza se tenía que concretar en algo tangible, más allá de cientos de miles de personas comprometidas, no había nada sólido.

El artículo 155 se había activado y ya nada podría parar una extraña derrota. Tal vez la anómala convocatoria electoral del presidente Rajoy para el 21 de diciembre crearía las condiciones necesarias para que la mayoría catalana –sin renunciar a un objetivo político legítimo, pero difícilmente realizable– reincorporara el realismo como marco objetivo del debate colectivo. Aceptada esta situación tan empantanada, que habrían provocado en buena medida la falta de sentido de Estado de los dirigentes y la sociedad del catalanismo, durante unos días pareció que se podría tomar aire y empezar a pensar en el escenario de la reconstrucción. Fue un espejismo.

La nueva realidad del Estado, que se afirma reconquistando y se va desplegando desde el 6 de septiembre, lo ha vuelto a imposibilitar. Se manifiesta en varios frentes y se concreta en la represión dictada por el fiscal general del Estado José Manuel Maza e implementada por la jueza Carmen Lamela de la Audiencia Nacional. Rebelión, sedición, malversación. Medio gobierno es encarcelado. El presidente y cuatro consejeros se quedan en Bruselas –el corazón de Europa– para internacionalizar su situación y evitar el zarpazo de la justicia española. En el auto de la jueza, criticado inmediatamente desde casi todas las posiciones, hay un relato de los hechos y se señala un momento clave: «El referéndum ilegal y la declaración ilegal de independencia tienen como antecedente la sesión plenaria celebrada por el Parlament de Cataluña el día 9 de noviembre de 2015 en la que se aprobó la Resolución 1/IX sobre el inicio del proceso político de creación del Estado catalán en forma de república y la apertura de un proceso constituyente.» Fue allí, sobre el papel y en el marco de una negociación política después de unos resultados electorales mal interpretados, cuando la ruptura empezó a hacer definitivamente su camino. Ahí se aprobó que el Parlament desobedecería al Tribunal Constitucional. Y aquí es donde hemos llegado.

La nueva realidad –proclamada por el discurso del rey, desbocada en su afán de imponerse por la fuerza y tensando la ley para castigar– está degradando un sistema carcomido por la corrupción, un sistema empobrecido por la infiltración partidista en todos los niveles. A veces parece que el *procés* pueda tumbar el Estado del 78. Otras, que este salga reforzado del envite. Pero ahora mismo vivimos con la tensión enquistada, con la ciudadanía en estado de exaltación emocional permanente, con la reaparición de los monstruos. Es la rabia nacionalista. Es la dinámica crítica a través de la cual se despliega el marco mental necesario para naturalizar la ofensiva que se llama a sí misma constitucional. La Constitución es el marco de convivencia, pero no solo. Tiene una dimensión más honda. Más oscura. Se sabe y no se dice. Esconde la cara implacable del Estado. Y hay rostros del Estado que se han descarado. La Fiscalía General. Una jueza de la Audiencia Nacional. La convivencia se polariza entre amigos y enemigos. El consenso institucional ha saltado por los aires. No importan las razones. Solo, antes que nada y por encima de todo, importa la victoria. Es el fracaso de la política. El fracaso es colosal.

Índice

79
81
106
article 155
10 octobre discours

Títulos de la colección

1. **Claudio Magris,** El secreto y no
2. **Rafael Chirbes,** El año que nevó en Valencia
3. **Emmanuel Carrère,** Calais
4. **Marina Garcés,** Nueva ilustración radical
5. **Marina Garcés,** Nova il·lustració radical
6. **Jordi Amat,** La conjura de los irresponsables
7. **Jordi Amat,** La confabulació dels irresponsables
8. **Michel Houellebecq,** En presencia de Schopenhauer